朝日新書
Asahi Shinsho 928

安倍晋三VS.日刊ゲンダイ

「強権政治」との10年戦争

小塚かおる

朝日新聞出版

まえがき

「きょう夕方、帰りに『日刊ゲンダイ』でも読んでみてくださいよ。これが萎縮している姿ですか」

２０１６年2月4日の衆議院予算委員会での安倍晋三首相の答弁だ。

自民党の憲法改正草案に「表現の自由」を制限する文言があると問題視し、安倍政権下でメディアの萎縮が進んでいるのではないか、と野党議員に質問された際にこう切り返したのには驚いた。

安倍氏は委員会室の自席からヤジを飛ばすほど、野党への対決姿勢を剝《む》き出しにしてきた。朝日新聞を嫌悪し、ＮＨＫを手なずけた安倍氏が「日刊ゲンダイ」に言及したのも、野党を嘲笑するための反論に利用したに過ぎないのだろう。しかし、本書の第6章に詳述するが、この光景は当時の政治とメディアとの関係性を如実に表していた。

「日刊ゲンダイ」は1975年の創刊以来、一般大衆の「知りたい」や「ニュースの裏側」に答える中で、「権力に媚びることなく」という至極当たり前のスタンスで紙面作りをしてきた。大きなメディアが忖度して書かないようなことにズバズバ斬り込む。読者目線で大衆の本音、怒り、疑問を紙面にぶつける。時に人間の欲望にも正直に、わかりやすく、そして面白く。ジャーナリズムだとかカッコつける気はさらさらなく、まもなく50年になるが、その姿勢はずっと変わっていない。

第2次安倍政権になって、最初こそ株価上昇に沸いたものの、この政権は私たちの生活を豊かにするのか、私たちを幸せにしないのではないか、という疑念はどんどん膨らんだ。そこで、アベノミクスを徹底批判し、社会保障制度の改悪や憲法破壊、国会の機能低下などを当たり前に指摘していたら、ふと周囲を見渡すと、第一線で活躍しているはずの大マスコミの権力監視機能が弱体化していた。そんな印象である。

新聞やテレビはいつもすべてが終わってから舞台裏を明かすニュースを報じる。読み物や企画としては面白い。しかし、終わってからなら何でも言えるし、決まってしまった政策や成立してしまった悪法に対して、後から疑問を呈しても手遅れだ。どうしようもない。

問題があるのなら、まさにその渦中に批判しないと。

2023年7月8日は安倍氏の一周忌だった。テレビのニュースは、法要が営まれた東京・芝の増上寺に設けられた献花台に多くの人が花を手向ける様子を伝えていた。参議院選挙の応援演説の最中に銃撃されるという衝撃的な最期に遭い、日本の政治は安倍時代からの修正に手をつけられず、今も安倍氏の幻影に縛られている。

安倍氏ほど好き嫌いやその評価が割れる政治家はいないのではないか。憲政史上最長の7年8カ月にわたった安倍政権について、国葬など功績を謳い上げる場こそあったものの、冷静な検証が行われたとは言えない。ましてや死去後に出版された『安倍晋三　回顧録』（中央公論新社）は、自らを美化しがちな「自伝」であり、「歴史法廷」での陳述書と称するように、当事者からの一面的な見解しか語られていない。

だが、「絶対的権力は、絶対に腐敗する」。

長すぎた安倍政権で、経済、社会保障、安全保障は、大衆を幸せにしないベクトルへと向かい、国権の最高機関であり、国民の代表で構成される国会は存在感が低下した。戦後政治を通じてそのほとんどが政権与党の自民党も変質し、そしてメディアも……。

どうしてこんな国になった。誰がこんな国にした。幻影に囚われ、冷静な検証が進まない中で、ゲンダイ流に検証し、第2次安倍政権から岸田文雄政権の今につながる「強権政治」との10年戦争を総括してみたい。

なお、文中の太字は「日刊ゲンダイ」の記事からの引用で、筆者の同僚が執筆したものも含まれる。肩書は原則として当時のもので、一部敬称略とした。取材の都合上、氏名を明記できない場合もあることをご理解いただきたい。

安倍晋三VS.日刊ゲンダイ

「強権政治」との10年戦争

目次

第2章　戦争を「身近なもの」にした大罪
――こうして日本は軍事大国へ

第3章　破壊された民主主義の根幹――権力私物化の果てに　113

第4章　社会「分断」の冷酷——高齢者を切り捨て、女性を軽んじる

婚できず子どもも作れず／8000万人国家で幸せな国を目指す方法もあった／ジェンダー平等や夫婦別姓、同性婚の議論が進まない理由／自民党女性議員の本音。なぜ国会議員に女性が少ないのか

第6章　メディアを壊したのは誰か
――これでいいのか大マスコミ

写真提供／朝日新聞社

第1章 失敗したアベノミクス——世界から取り残された日本

笑みを浮かべて5年ぶりに首相官邸に入る。国会で再び首班指名を受け、第96代の首相に就任。「日刊ゲンダイ」の「戦い」も激しさを増していく＝2012年12月26日

失われた10年

「想定されたトリクルダウンは起きなかった」

意図してか意図せずなのか、岸田文雄首相がアベノミクスの「失敗」を事実上認めた。2023年1月4日の年頭記者会見でのことだ。

「トリクルダウン」とは、周知のように「徐々にしたたり落ちる」という意味。大企業や富裕層がより裕福になれば、富がしたたり落ちて中小企業や低所得層も豊かになり、国民全体が豊かになるという経済理論だ。新自由主義を標榜した小泉純一郎政権の頃から経済閣僚だった竹中平蔵氏らが主張し、安倍政権でもアベノミクスを支える理論として安倍氏はもちろんのこと政策ブレーンや閣僚も唱えていた。

だが、期待されたトリクルダウンは起きなかった。

2012年12月の第2次安倍政権発足から3年ほど経った15年頃には、安倍首相自身も「トリクルダウン」に言及しなくなっていたが、アベノミクスが「成功している」と強弁している以上、安倍政権では誰も「トリクルダウンは起きなかった」と明言することはなかった。それを岸田首相が安倍氏の死去から半年経って口にしたことで、自民党内は安倍派を中心に「ついに脱・安倍路線か」とざわめき立った。

もっとも、表では雇用が改善しただの、所得が上がっただのとアベノミクスの成果を誇った安倍氏自身も、実は、政権終盤には近しい周辺に、ボヤいていたという。

「アベノミクスもダメなんだよなあ……」と。


日本経済の凋落を語る時、「失われた30年」という言葉がよく使われる。OECD（経済協力開発機構）のデータ（2020年）によれば、米英独仏などはこの30年で賃金が3〜5割増になったのに、日本は上昇率わずか4％と横ばい。加盟34カ国中24位（2021年）に沈んでいることは、今日、広く知れ渡っている。

中でも着目すべきは、直近の「失われた10年」のひどさだ。第2次安倍政権以降の10年である。

民主党の野田佳彦政権から自公連立の安倍政権に交代した直後の12年12月26日の記者会見。安倍首相はここで、「大胆な金融政策、機動的な財政政策、民間投資を喚起する成長戦略、この3本の矢で経済政策を力強く進める」と打ち出した。「3本の矢」が安倍政権の経済政策（＝アベノミクス）の柱だった。安倍政権は日本経済停滞の諸悪の根源は、行きすぎた「円高」と物価が上昇しない「デフレ」だと捉えていた。

当初こそアベノミクスは成功していると多くの国民も錯覚させられた。「異次元」の大規模金融緩和で円安が進み、株価が上昇したことで、輸出企業を中心に大手企業は最高益を更新するなど日本中が沸いたからだ。

しかし、「3本の矢」と言いながら、実際は金融緩和頼みの一本足打法だった。

金融緩和は金利を下げ、低く抑えること。安倍政権では、金融機関が保有する国債を日本銀行が大量に買い入れることで金融機関に資金供給した。

低金利の資金を市場に放出すれば、企業が金融機関からお金を借りやすくなる。設備投資や生産が活発化し、景気は上向き、賃金は増え、消費が増えて、物価も上がる。そうなれば、さらに企業収益が改善し、それがまた賃金上昇につながる——。

ざっくり言うと、こんな「好循環」のシナリオを描いていたわけだが、日銀の黒田東彦《はるひこ》総裁が打ち出した「2年で2%の物価上昇」の目標は達成できず、金融緩和をズルズル続けたものの、企業の設備投資などに使われるはずの資金は日銀に滞留しただけ。上から下にしたたり落ちるとされた「トリクルダウン」は一向に起きず、賃金もほとんど上がらなかった。そのうえ、企業は円安の恩恵で見せかけの利益を出せるため、温室に安住した。

イノベーションが進まず、かつてのような世界を魅了する商品は生まれなくなったのだ。

「失われた10年」の結果、どうなったか――。

ほんの一部のデータを見るだけでも、日本が世界から取り残されてしまったことがよくわかる。

GDP（国内総生産）は世界3位といえども、1位の米国、2位の中国から大きく水をあけられ、2023年にも4位のドイツに逆転されるのではないかと言われている。ドイツは人口8000万人程度で、1億2000万人超の日本の3分の2にもかかわらず、経済規模で抜かれてしまうのだ。

1人当たりGDPでは、日本は2022年時点で世界30位。前年の27位から順位を下げ、ブルネイ、マルタ、イタリアに追い抜かれた。

賃金については、OECD平均（2021年）が年収5万1000ドルのところ、日本は3万9700ドル。4万2700ドルの韓国より低い。

「ものづくりニッポン」の稼ぎ頭は、長年、電機と自動車と言われてきた。だが、気づけば日本の電機産業は完全に没落してしまった。輸出額から輸入額を差し引いた貿易収支は、2022年下半期（7～12月）に、半期ベースとしてはデータが残る1988年以降で初の赤字に転落した。貿易黒字の稼ぎ頭だったテレビなどのデジタル家電は割安な海外メーカーに敗北し、携帯電話市場も「iPhone」など海外スマホに奪われた。

半導体産業はもはや先頭を走る台湾や韓国にとても追いつけず、国費で補助して海外メーカーの工場を日本国内に誘致し、サプライチェーンを維持するのが精一杯だ。日本企業が安い労働力を求めて中国や東南アジアへ進出したのと逆のことが起きている。

かつて「経済一流、政治は三流」と言われた日本は、経済面でも三流の「普通の国」に落ちぶれてしまったのだ。

最初から見抜いていたゲンダイ

第2次安倍政権のスタート直後から株価が急騰したことで、世間はアベノミクスをもて囃《はや》し、「乗り遅れるな」とばかりに株式投資を始める個人投資家も増えた。

為替は2012年11月の1ドル＝80円割れの円高が、13年4月に1ドル＝100円近くまで円安が進み、株価は12年末の1万円前後から13年3月末には1万2000円を超えるまでに上昇した。ご多分に漏れず、ゲンダイでも株式投資を推奨する記事が増えたが、一方で、当初からアベノミクスの怪しさを見抜き、「成功しない」と指摘してきた。

2012年12月25日発行から年をまたいで1月18日まで、経済・金融など14人の専門家にインタビューして談話をまとめた連載シリーズを掲載した。通しタイトルは「浮かれるな　アベノミクスは日本を滅ぼす」だった。

初回はエコノミストの藻谷浩介氏。こんな書き出しだ。

「アベノミクスで株価が上がり、円安にもなった」と評価している人は、株高や円安の副作用（デメリット）が分からずに喜んでいるだけです。各地を講演で回ると、経済の実態を知っている地域の経営者の多くは「極端な金融緩和策は危険だ」と言っています。彼らから見れば、安倍総裁のブレーンの浜田宏一・エール大学教授などが唱えるリフレ論は、実業経験のない学者が振り回す空論です。彼らは「副作用なしの甘い話などない」と思っている。

立教大学経済学部教授（現在は名誉教授）の山口義行氏は、「歴史を巻き戻す政策」だとバッサリだった。

「失われた10年」と言われてから、20年近く経ちますが、安倍政権がやろうとしているアベノミクスは、時計の針を逆戻りさせるような経済政策です。安倍さんの言う「大胆な金

融緩和」は、10年前に実施し、結局は効果のなかった量的緩和政策の繰り返しです。（中略）

アベノミクスで看過できないのは、日銀法の改正にまで踏み込もうとしていることです。97年に日銀法が改正されたのは、「80年代後半、政府の圧力で日銀が金利を引き上げられなかったために不動産バブルが起きてしまった」ことを反省したからです。それをまた元に戻して、日銀を政府の傀儡にしようというのがアベノミクスです。

選挙中、安倍さんは「日本を取り戻す」と言われていましたが、アベノミクスは日本を「取り戻す」というより「歴史を巻き戻す」政策と言えるのではないでしょうか。

元大蔵官僚で慶応大学ビジネス・スクール准教授（現在は教授）の小幡績氏は、今実際に起きているような円安物価高の可能性に言及していた。

お札がたくさん刷られることと、おカネを使うことは別だから。国民はおカネをすぐに使いません。雇用や老後に不安を抱えているのですから。

もしおカネが空から降ってきたとしても、まともな人は貯金するか、株や土地などの資産を買うでしょう。結果、資産インフレは起こるが、牛丼やラーメンなどモノの値段は上がらない。当然、景気もよくならない。（中略）

仮に実現するシナリオがあるとすると、極端な円安による輸入インフレしか考えられません。1ドル＝80円が仮に100円になった場合、インフレ率が2％を超えるかもしれない。原油や小麦など輸入品の価格上昇によるインフレです。この場合、低所得者層の生活が苦しくなります。

他にも、「伝説のディーラー」の異名を取る藤巻健史氏が、「円安政策は時すでに遅し。アベノミクスが実行されれば、ハイパーインフレ、歯止めの利かない円安に襲われる」と予測。公共事業が専門の法政大学教授（現在は名誉教授）の五十嵐敬喜氏が「国土強靱化」と銘打った財政出動のバラマキに「戦前の軍事国債と同じ過ちを繰り返すのか」と警鐘を鳴らした。

13年4月4日に日銀の金融政策決定会合で「量・質ともに次元の違う金融緩和を行う（異次元緩和）」と決定されると、第2弾の連載シリーズを開始した。

今度はゲンダイの主要読者である庶民の暮らしへの影響を探るべく、「アベノミクスはサラリーマンの敵だ」を2013年5月27日発行から6月7日にかけて掲載した。

生活保護法改正案が申請の門前払いを狙ったものであること、成長戦略の名の下に「労働時間の規制緩和」(ホワイトカラー・エグゼンプション)が導入されようとしていること、安倍首相が言う「アベノミクスで物価が上がれば、年金は増える」は眉唾で、マクロ経済スライドで年金額は実質的に目減りすることなど、円安株高でマーケットが沸く裏で進められている制度改悪にスポットを当てて報じてもいる。

早くも1年後には陰りが

アベノミクスが本格的に動き出して3カ月後の2013年7月に参議院選挙があった。結果は自公が過半数を大幅に上回る圧勝。選挙期間中の安倍首相の演説はイケイケムード全開だった。

「5月の雇用は前年同月比で60万人増えた」

「有効求人倍率がリーマンショック前に戻った」

「夏、冬、来年と、給料がどんどん上がっていく」

「物価が上昇すれば必ず賃金は上昇します。これ常識なんです」

今振り返ると、「えっ?」と言いたくなるようなことまで断言していたものだ。

しかし……。

政権発足から1年でアベノミクスはメッキが剝がれた。２０１４年2月21日発行のゲンダイ1面は1年の評定を「成果ナシ」と断じた。

〈恐らく景気に壊滅的打撃〉

２０１３年10―12月期のＧＤＰ速報値（年率１・０％増）が市場予想（年率２・６％増）を大幅に下回り、アベノミクスの限界、インチキが内外にバレてしまった。本来なら４月の消費増税を控えた駆け込み需要が期待できる期間である。それがメタメタだから、話にならない。

しかも、円安なのに輸出が０・４％しか伸びず、一方、輸入は３・５％増で貿易赤字は拡大した。この傾向は年明け以降も続いていて、きのう（20日）発表された1月の貿易統計速報で、貿易赤字が１９７９年の統計開始以来、初めて2兆円台を突破した。

だとすると、何のための異次元緩和、円安政策だったのか。円安→輸出拡大→企業好業績→設備投資拡大→賃金上昇、というアベノミクスによる好循環シナリオは完全に幻想だったわけである。（中略）

さあ、安倍首相はどう反論する？「3本の矢」とかカッコつけたが、結局、なーんも中身がなかった。トリクルダウンも起こらなければ、賃上げも実現しなかった。安倍は今週、国会で「名目賃金は若干のプラス」と豪語したが、翌日に厚労省の確定値が出ると、マイナスだった。民主党に「ウソをついたのか」と追及される始末である。

これは深刻な事態だ。日銀は国債購入などで総資産を約200兆円まで膨らませている。財政出動も桁外れで、補正と本予算を合わせると、対前年比2・2倍の公共事業バラマキをやっている。それでも、何の効果もなかったわけだ。経済評論家の斎藤満氏がこう言う。

「10—12月のGDP速報値が出たのを機に、安倍政権1年の評定をしたのですが、成果のないことがよく分かりました。実質成長率こそ前年比プラス2・7%ですが、その半分以上が政府支出で、民間分は1・2%しかありませんでした。公共事業のバラマキが民間への刺激になっていない証左です。設備投資は0・2%のGDP押し上げ効果しかありませんでした。そのうえ、輸出から輸入を引いた外需は0・5%のマイナス。輸入物価の上昇で庶民に犠牲を強いたのに、散々な結果です。4月からの消費増税では、3%の税率アップと輸入物価の高騰で4%前後のインフレになる恐れがあります。政府は増税後の景気対策で5・5兆円を投入しますが、1年前は10兆円の補正を組んだのです。それでも息切れしたのに、5・5兆円で景気が回復することはありえません」

これがアベノミクスの掛け値なしの通信簿なのである。

黒田バズーカで歪んだ日本経済

「壮大な社会実験」とも言われたアベノミクスの異次元緩和は、副作用の方が大きかった。ズルズルと10年も続けた結果、日本の金融市場を歪め、株式市場を歪め、財政を歪めた罪は重い。

国債を大量に買い入れ、上場投資信託（ETF）の買い入れ額も増やすという異次元の金融緩和をサプライズ発表した際、黒田日銀総裁は「2％の物価目標を2年程度を念頭に実現する」「世の中に供給するお金の量（マネタリーベース）を2年間で2倍に拡大する」と説明していた。拍手喝采された「黒田バズーカ」は2年間の時限措置のはずだったのだ。

ところが、物価も賃金もほとんど上昇せず、2年の期限が迫ると、2014年10月、黒田日銀はまたしてもサプライズで追加金融緩和に踏み切る。当初の約束を破って、異次元緩和を継続した。

黒田総裁は追加緩和について「着実に進んできたデフレマインドの転換の正念場。この歩みを止めてはならない」と説明したが、現実には、金融緩和を終わらせられない深刻な事態に陥りつつあった。「出口ナシ」だ。

日銀の資産循環統計によれば、14年3月末の国債保有残高は201兆円。前年比57・2%増と、猛烈なスピードで国債を買い増していたことがわかる。国債市場は日銀が新規発行の7割という大量の国債を買っているから成り立っている状態で、日銀が出口に言及した瞬間に国債は暴落しかねなくなっていた。

ちょうどこの頃、ゲンダイでインタビューした東短リサーチチーフエコノミストの加藤出《いずる》氏は、日銀の「出口戦略」が難しくなっているとして、こう話していた。（2014年8月21日発行）

「金融政策というのは痛み止め、あるいはカンフル剤の域を越えられないいんですよ。構造的な問題を解決できるものではない。しかし、そこに安易に依存してしまうと、ホテル・カリフォルニアになってしまう」

「ホテル・カリフォルニア」というのは、イーグルスのヒット曲。「なんてすてきな場所。あなたは好きな時にいつでもチェックアウトできる。でも、あなたは二度とここから離れられない……」という歌詞がある。

過度な金融緩和を続けすぎると、社会全体が低金利に慣れてしまい、金利を上げる金融引き締めに転じるのが難しくなってしまうということ。

そして、国債は政府の借金。金融機関を通じてとはいえ、日銀が新規発行国債の7割をも買い占めている状態は、法律によって原則的に禁じられている日銀による国債の直接引き受け、中央銀行による財政下支えと同じになってしまう。加藤氏は断言した。

「悩ましいのはもう、始めちゃった政策であるということです。急にやめようとしてもショックが大きすぎてできない。かといって、モルヒネを打ち続けると、そこから抜け出せなくなる。日銀はルビコンを渡ってしまったんですよ。国民はアベノミクスに期待するだけでなく、そういう危機意識を自覚しなければいけません」


その後も日銀は、16年1月にマイナス金利を導入、同年9月には、長期金利の指標となる10年物国債の利回りを0%程度に誘導するYCC（イールドカーブ・コントロール）を導入と、金融調整の対象を「量」から「金利」へと転換。あの手この手の〝奇策〟を動員して金融緩和を続けた。

背景には、日銀を「政府の子会社」とも表現した安倍首相の後押しがあった。日銀は独立性をかなぐり捨て、政府に追随してカンフル剤を打ち続けたのだ。

今や日銀は、世の中にある国債の半分以上を保有し、上場投資信託（ETF）という形で間接的ながら、東証の時価総額の7％を持つ日本株の最大株主である。

財政規律も一層緩んだ。超低金利のうえ、どれだけ国債を発行しようが日銀が買い取ってくれるので、自公政権お得意のバラマキ政策が乱発され、政府の予算規模はぶくぶく膨らんだ。

2度の消費税増税を実行した安倍政権ではあるが、安倍氏は積極財政派の親玉のような存在だ。自民党内の財政出動を求める声も大きくなり、そこへ新型コロナ禍や物価高対策も理由にして、国債発行残高も膨らんでいった。アベノミクスが始まった12年度末の705兆円が、10年後の22年度末は1042兆円。国の借金は300兆円も増加している。

ここまで来てしまうと、金融引き締めに転じるのは容易ではない。

株価暴落リスク、日銀の債務超過リスク、政府の利払い負担拡大リスクと、リスクが多すぎて金融政策を変更できないがんじがらめだ。

慶応大名誉教授（財政学）の金子勝氏は、2023年5月5日発行のゲンダイで「カタストロフ（破局）」が迫っていると、こう警告している。

「金融緩和は短期的には効果を発揮するけれども、長期的にはリスクの累積となる。これは通説です。無視して突っ走った日銀は国債を大量に抱え込んで身動きが取れなくなり、金融政策の柔軟性を失った。円安に甘えた企業は技術開発や新たなビジネスモデルの構築を怠り、この国は経済成長できず、財政赤字を拡大し、国債買い入れ拡大の悪循環にハマり込んでいる。にもかかわらず、国全体が麻薬漬けでマヒし、危機に気づくことができない。破綻まで突っ込んでいきかねない危ういところまで来ています」

大企業は競争力を失い、賃金は上がらず

「円安に甘えた企業は技術開発や新たなビジネスモデルの構築を怠り……」

金子勝氏が指摘したように、金融緩和の円安誘導策により為替差益だけで輸出大企業が儲かる仕組みにしたため、設備投資や新たな技術開発、効率化がおろそかになった。その結果、米国のＧＡＦＡ（米主要ＩＴ企業）のような成長企業が育たず、日本経済は牽引役を失った。

儲かっているのになぜトリクルダウンが起こらなかったかと言えば、輸出大企業の収益改善は為替のトリックの見せかけだけで、輸出数量自体は増えていない。商品が飛ぶように売れているわけではないので、企業は先行き不安でコストダウンに走る。生産性向上は

妨げられ、内部留保（利益剰余金）を積み上げるばかりで、賃上げを渋った。

東京新聞（2023年3月21日付）が財務省の法人企業統計調査から導き出した数値によれば、12年度から21年度にかけて経常利益は73・1％増えたが、人件費は4・9％しか増えていない。その一方で、内部留保は69・6％も増えている。

さらには、賃金が上がらないどころか、安倍政権の間、実質賃金は減少した。

実質賃金は、労働者が実際に受け取った給与である名目賃金から、消費者物価指数に基づく物価変動の影響を差し引いて算出した指数。円安による輸入インフレと消費税増税が影響し、経済アナリストの菊池英博氏による試算では、アベノミクスで実質賃金は年平均15・8万円もダウンし続けた。8年間で126・4万円のマイナスである。

こんなことだから、国際比較ではボロ負けだ。

OECDの平均名目賃金の比較データをあらためて見ると、1997年を100とした2020年の平均賃金は、米国が209へ倍増、英国189、カナダ187、独159、仏156、伊145。G7各国が総じて大幅増となっているのに、日本だけは93に下落している。いつも私の取材に明確な解説をしてくれる経済評論家の斎藤満氏はこう話した。

「賃金が30年間上がっていないというのは異常です。しかし、時間をかけてジワジワと国際的地位の低下が進んだので、茹でガエルのように気が付かなかった。政治家がセンシティブに国民の状況に目を光らせていればもっと早く対応できたものを、『円安なら大企業が儲かるからいいじゃないか』とばかりに大企業のご機嫌取りをして、法人税も下げた。そうして国民生活はどんどん貧しくなっていったのです」

その通りで、アベノミクスでは法人税減税を何度も繰り返し、大幅に下げている。これも〝見せかけの〟企業業績好調を演出した。

成長戦略の一環を名目に、安倍首相は14年6月、「法人税の実効税率を今後数年間で30%未満に引き下げる」という計画を発表した。当時の実効税率は全国平均で34・62%。これが15年度32・11%、16年度29・97%、18年度は29・74%へと毎年のように引き下げられた。

法人税率を1%引き下げれば約5000億円の財源が必要になるとされていた。5%近くも下げて、さて、減税分の2兆5000億円はどこから補填したのか。2度の消費税増税がその代替になったという説が出るのは当然かもしれない。

法人税は原則として赤字企業には課税されないから、法人税減税は儲かっている企業をさらに潤わせた。それでも実質賃金は大幅減。やはりアベノミクスは労働者から搾取する仕組みだったのだ。

経済指標を都合よく「偽装」

そして、盲点は雇用だ。

安倍首相は在任期間中、ずっと雇用が増えたと言い張った。アベノミクスの最大の功績は雇用の改善だと喧伝されてきた。

「有効求人倍率が全都道府県で1倍を超えた」

安倍首相が好んで使ったフレーズだ。

有効求人倍率とは、求職者1人に対して何件の求人があるかを示す数値で、「就職のしやすさ」の目安になる指標だ。求職者100人に対して求人が200件あれば、有効求人倍率は2倍となる。「1倍以上」ということは、求職者1人に対し、少なくとも1件以上の求人があるということで、雇用が改善しているように見える。

だが実態はというと、少子高齢化によって労働人口が減少したため、分母である求職者数が減少した結果の「1倍超」だったのだ。日本のような人口減少社会では、慢性的に人手不足になるのは当たり前で、雇用改善＝求人増はアベノミクスの成果でも何でもなく、日本の人口構成によるものだ。

求人の中身も非正規雇用が増大したに過ぎない。例えば、アベノミクス3年目の2015年8月に有効求人倍率が1・23だった時の正社員の有効求人倍率は0・76でしかなかった。

ちなみに、1985年に約2割だった非正規労働者の割合は、直近の2021年では4割近くまで上昇している。国税庁の「民間給与実態統計調査」によれば、21年の正社員の年間平均給与508万円に対し、正社員以外は198万円。正社員の約39％の水準に過ぎない。

安倍政権が経済指標をいかに自分たちの都合のいいように使って、成果をアピールしてきたかがよくわかるゲンダイの記事があるので引用する（2019年3月13日発行）。

〈麻生財務相 〝アベノミクス偽造〟で本音をポロリ〉

「総雇用者所得は増えている」「有効求人倍率が全都道府県で1倍を超えた」など安倍首相がアベノミクスの成果を喧伝するフレーズには、「政権にとって都合のいいデータばかり利用している」という疑惑が付きまとってきたが、やっぱりそうだった。きのう（12

日）の参院財政金融委員会で麻生太郎財務相がポロリとホンネを漏らしたのだ。

国民民主党の大塚耕平代表代行は質問で、「総雇用者所得が増えている」背景として、法改正により２０１８年に配偶者控除が年収１０３万円以下から１５０万円以下に拡大された点を指摘。夫が控除を受けるために１０３万円以内に抑制して働いていた妻が１５０万円に増やせば、結果として総雇用者所得は増える。だから、成果だけをアピールするのではなく、こうした増加要因もきちんと説明すべきと言うと、麻生は「その通り」と認めた上で、こう答えた。

「表現する時はなるべくいいことを言わないと支持率が上がりませんので、私どもとしては努力していろいろいいことを探して申し上げている」

大塚の質問が厳しい追及型ではなく提案型だったため麻生は油断したのか、支持率のためなら手段を選ばない安倍政権の正体がバレた瞬間だった。

「政権に対する世論調査は本来、支持率が高ければ政策への評価も高くバランスが取れているものですが、安倍政権の場合、支持率の高さに比べ、政策への評価が低い。政策の中身で勝負できないので、上っ面の都合のいいデータを利用して、支持率頼みで底上げに躍起になっているのが実態です」（政治評論家・野上忠興氏）

麻生には、17年衆院選の自民圧勝に際し「北朝鮮のおかげ」とホンネを漏らした〝前科〟がある。正直なのかマヌケなのか。

大風呂敷は広げたが、機能しなかった「3本目の矢」

異次元緩和の金融政策が日本経済を歪め、大企業が競争力を失い、賃金が上がらなかった、というアベノミクスの失敗について縷々《るる》述べてきたが、最大の失敗は、3本目の矢である「民間投資を喚起する成長戦略」が機能しなかったことだ。

結局一体、「成長戦略」って何だったのか、と問われても、適当な答えが出てこない。

第1の矢の金融緩和と第2の矢の財政出動は、本来は対症療法としての「風邪薬」でしかなく、成長戦略こそが持続的に日本経済を活性化させていく本格治療となるはずだった。新しい産業を創出する発想や競争力のある分野を徹底的に強化するなど、日本経済を足腰の強い筋肉質な身体にするための中身のある成長戦略が必要だったのだ。

当初、想定されていた成長戦略の柱は「規制緩和」だった。2013年6月に「日本再興戦略」がまとめられ、「世界で一番企業が活動しやすい国を目指す」と謳った。

しかし、「10年間の平均で名目GDP成長率3%程度、実質GDP成長率2%程度」「10

年後に1人当たり名目国民総所得（GNI）150万円以上増加」など、壮大な目標数値と達成目標時期をあれこれ並べて大風呂敷は広げるものの、そこへ至るプロセスの説明はない。あまりに具体性が乏しく、成長戦略の素案が発表されると株価は急落した。アベノミクスの一番の信奉者だった株式市場のプレーヤーにさえソッポを向かれてしまった。

つまり、アベノミクスの成長戦略はスタートから躓《つまず》いていたのである。

安倍首相は13年秋の臨時国会を「成長戦略実行国会」と名付けた。所信表明演説が行われた翌日のゲンダイ1面（2013年10月16日発行）が、前途を暗示している。

〈この国の首相はアホかホラ吹きか〉

「実行なくして成長なし。この国会は、成長戦略の実行が問われる国会です」――。きのう（15日）の所信表明演説で、安倍首相は「成長戦略実行国会」を高らかに宣言してみせた。安倍は「これまでも同じような『成長戦略』はたくさんありました。違いは『実行』が伴うかどうか。もはや作文には意味はありません」とまで言ったが、本当に「実行」できるかどうかは怪しいものだ。

成長戦略なんて、いつも口先だけのアドバルーンだった。絵に描いたモチのような話をいかに具体化するか。それを雇用の安定や暮らしの向上にどう結び付けるのか。それこそが問われているのに、安倍は具体的な施策を何ひとつ示さなかったからだ。（中略）

国民をけむに巻くために安倍が持ち出したのは、〝古き良き日本〟へのノスタルジーと、お涙頂戴の美談の数々だ。

明治時代の教育家・中村正直の「意志さえあれば、必ずや道はひらける」との一説や、ホンダ創業者の本田宗一郎の「チャレンジ精神」を奨励する言葉を借りて、「明治の日本人にできて、今の私たちにできないはずがない」「再び起業・創業の精神に満ちあふれた国を取り戻す」と叫んでいたが、逆に「根拠はそれだけ？」と〝ドン引き〟した国民も多かったのではないか。精神論で経済が良くなれば苦労はしない。

翌年以降も毎年、新たな成長戦略がまとめられたが、経済政策の効果よりも〝やってる感〟アピールを重視していたのは明らかで、次から次へと「看板の掛け替え」が行われた。

ざっと並べてみても……。

「地方創生」「女性の活躍推進」「働き方改革」「外国人材の活用」「生産性革命」「ローカル・アベノミクス」「第４次産業革命」「ソサエティ５・０」

「プレミアムフライデー」

15年9月には、「アベノミクスは第2ステージに移る」とか言って、「新3本の矢」（希望を生み出す強い経済、夢をつむぐ子育て支援、安心につながる社会保障）が打ち出されたが、最初の「3本の矢」と違って、覚えている人は誰もいないのではないか。

「新3本の矢」でも数値目標として、「GDP600兆円」「希望出生率1・8の実現」「介護離職者ゼロ」が掲げられていたが、安倍政権退陣時までにいずれも達成できなかったのは言うまでもない。

規制緩和は「国家戦略特区」として継続的に議論が続けられたが、加計学園の獣医学部設置で便宜を図った疑いが浮上した「アベ友問題」で、大きなミソをつけた。「国家戦略特区」の欺瞞《ぎまん》については、後段でもう少し詳しく述べる。

結局、日本経済を大きく牽引するような成長戦略は育たず、具体的な「形」が残った（残っている）ものとしては、「東京五輪」「カジノ（IR）」「観光立国（インバウンド）」などが挙げられるが、いずれもコロナ禍で大きなダメージを受けた。

いや、コロナがなかったとしても、東京五輪とカジノは一昔前のハコモノでしかなく、「新たな発想から生まれる新産業」とはほど遠い。今さらカジノを地域経済活性化の起爆剤にしようとしている大阪府・市の気が知れない。

この先も期待できるのはインバウンドくらいじゃないか。

ところで、前述した安倍氏が最初に掲げた目標のひとつ「10年後に1人当たり名目国民総所得（GNI）150万円以上増加」の「10年後」は、23年6月だった。内閣府の国民経済計算年次推計によると、13年の1人当たり国民所得は292・5万円。最新の20年は297・5万円だった。「デフレからの脱却と富の拡大によって経済の好循環を実現する」とブチ上げ、異次元緩和で市場をジャブジャブにしたのに、国民所得は7年間で5万円しか増えなかった。「150万円以上」にはるかほど遠く、このペースで「10年後」に目標を達成できているはずがない。

「経産省内閣」の限界

成長戦略になぜ具体性や中身がなかったのか。

安倍首相はアベノミクス「3本の矢」を打ち立てながら、その実、1本目の金融緩和にしか関心がなかった。金融緩和で株価が上がれば、物価も上昇し日本経済が上向くと勘違いしていた。ニューヨーク証券取引所で投資家を前にして、自らの政策を自画自賛したスピーチ、「バイ・マイ・アベノミクス」がその象徴だ。

成長戦略は〝やってる感〟さえあればよかったわけで、だから、法人税減税など企業向け減税や補助金などの手垢のついたバラマキ政策が並ぶ。売れ残りにお化粧を施して、新しいラッピングで包み、あとは〝ネーミング勝負〟である。安倍政権はずっとそんなことばかりやってきた。

透けて見えるのは「経産省内閣」の限界だ。

財政再建至上主義でエリート臭をプンプンさせる財務省を毛嫌いした安倍首相は、とりわけ経済産業省を重用し、政務の首相秘書官の今井尚哉《たかや》氏や内閣広報官の長谷川榮一氏を筆頭に「官邸官僚」の主要ポストに経産省出身者を登用した。

中でも今井尚哉氏は、第1次安倍政権で首相秘書官として安倍氏を支えて以来の関係で、安倍氏の最側近として内政から外交まで重要政策の立案に関わった。当然、成長戦略のとりまとめも今井氏ら経産官僚が主導した。財務省の影響が濃い経済財政諮問会議とは別に「日本経済再生本部」が新設され、その事務局に経産官僚が集められ、成長戦略が立案されたのだ。

問題は経産官僚に新産業を創出する力が乏しかったことだ。

安倍政権の発足からしばらくして、旧知の官僚が揶揄《やゆ》していたことを思い出す。

「経産省内閣でしょ。長続きしないよ。経産省は2年で飽きる人たちだから」

元経産官僚の古賀茂明氏も古巣について私の取材にこう言っていた。

「経産省は実は、最近ほとんどまともな仕事をしていない。かつては自動車や電力など官民一体となって日本の産業を支えてきたけれど、産業政策で経産省はもはや必要なくなってしまった。そこで何かでっち上げなければと『○○補助金』などを作るのですが、中身がないから立派に見せるのが大変」


要はこういう話だ。

戦後復興の産業政策において、経産省の前身の通商産業省（通産省）は目覚ましい力を発揮した。城山三郎の小説『官僚たちの夏』（新潮社）の世界だ。高度経済成長で官民一体の取り組みが功を奏し、1980年代には「ジャパン・アズ・ナンバーワン」に躍り出た。

そうなると民間企業は官に頼る必要がなくなり、1990年代以降、通産省、経産省の「不要論」がささやかれるようになる。これに必死で抵抗し、「日の丸産業」の復活に取り組むが、液晶テレビ、半導体、太陽光パネルなど、経産省が絡むとことごとく失敗した。

省内では常に「新しい政策を作れ」の号令がかけられ、毎年のように何か作っては財務省に予算要求を繰り返す。しかし、中長期的な視点がなく、具体的な中身も薄いから、5年計画の事業が2年くらいで頓挫して消えてしまうことも珍しくない。それでも、次から次へと看板を掛け替え、「形」だけは立派に見せる。

そんな霞が関の「広告代理店」のような存在の経産省だから、パフォーマンス重視の安倍首相と親和性が高かったわけだが、しょせん〝やってる感〟だけだから本格的な経済成長には結びつかない。

「プレミアムフライデー」がいい例だ。

2016年の成長戦略における「官民戦略プロジェクト10」の一環で、消費意欲を喚起させる取り組みとして企画された。デフレ脱却と内需の柱である個人消費に焦点を当て、「月末金曜日の午後3時には終業し、買い物や外食、旅行や趣味などでリフレッシュすることでワーク・ライフ・バランスを見直す」ということだった。

経産省と経団連が旗振り役となり、翌17年2月から開始。スタート直後こそ飲食店の割引キャンペーンなどをテレビが取り上げ盛り上がったが、導入企業が少なく、浸透しなかった。今も細々と続けられているが、コロナ禍でリモートワークも広がり、今や「そんなのあったっけ」という惨状だ。

生前の安倍氏のインタビューを口述記録として出版した『安倍晋三　回顧録』に次のようなくだりがある。

〈そういう議論を官邸でしている時、新原浩朗《にいはらひろあき》内閣府政策統括官が「経済の好循環」という言葉をちらっと口にしたのです。それを聞いて「それいいじゃないか、そのキャッチフレーズでいこう」と決めました。配分が先か、成長が先かという論争に終止符を打ち、ぐるぐる回せばいいんだ、という論理を構築することにしました。ニワトリと卵で、どっちが先かと言い合っても意味がない。経済が回らなければ配分もできない、という考え方ができたのです。新原さんは経産省出身ですが、経産官僚はアイデアが豊富です〉

コピーライターのようなアイデアは豊富でも、さて、「経済の好循環」が実現したと思う人はどれだけいるだろうか。

ちなみに新原氏は、タレントの菊池桃子さんの再婚相手として一躍脚光を浴びた人物だ。今の岸田政権でも「官邸官僚」として要職に就き、岸田政権が目玉として掲げる「新しい資本主義」の〝振付役〟と目されている。

岸田首相も「成長と分配の好循環」というキャッチフレーズを使っている。

国家戦略特区という黒い闇

安倍政権以降、間違いなく進んだのは社会の分断だ。都議会議員選挙の応援演説をした際、「安倍辞めろ」と批判の声を上げていた人たちに向かって「こんな人たちに負けるわけにはいかない」と指をさしたように、安倍氏には「敵か味方か」という分断の論理しかなかった。

国のトップが国民を敵と味方に分けることには愕然とするしかないが、「アベ政治」とは富裕層・大企業優遇であり、お友達優遇。それが顕著に露呈したのが、後で詳述する「森友・加計・桜を見る会」の問題だ。

加計学園問題はアベノミクスの成長戦略のひとつである「国家戦略特区」が舞台だった。大学の獣医学部の新設が52年ぶりに認められたのは、安倍氏の「腹心の友」が理事長を務める学園だから優遇したのではないのか、という疑惑が持たれたのだ。

『悪だくみ 「加計学園」の悲願を叶えた総理の欺瞞』(文藝春秋)の著者のノンフィクション作家・森功氏はゲンダイのインタビュー(2018年4月19日発行)で、こう話している。

「特区という規制緩和によってある意味、行政の『利権化』のパターンが出来上がってしまった。その結果、加計学園のように首相との関係を背景にしたエコヒイキが生まれ、その利権をうまく利用した業者が甘い汁を吸う。それがまさしく『行政の歪み』の構造というわけです」

成長戦略の名を借りたお友達優遇で〝味方〟に甘い汁を吸わせる——。それは加計学園問題に限らなかったのではないか。

ゲンダイでは「利権の巣窟　国家戦略特区の闇を暴く」と題した連載を掲載した（2017年6月13日～21日発行）。少し長いが、「闇」がよくわかるので、初回を全文紹介する。

〈「トップダウンで岩盤規制を壊す」とは新たな利権を〝アベ友〟に与えるという意味〉

加計学園問題でにわかにクローズアップされた「国家戦略特区」。〝アベ友〟だから便宜が図られ、獣医学部新設が認められたのではないかという〝国家の私物化〟疑惑が渦巻いているが、そうした怪しい案件は加計だけじゃない。

そもそも、第2次安倍政権で新たに創設された「国家戦略特区」（13年6月閣議決定）は、アベノミクスの第3の矢である「成長戦略」の柱として打ち出されたもの。「地域を限定した大胆な規制緩和や税制面の優遇で民間投資を引き出し、〝世界で一番ビジネスがしやすい環境〟を創出する」と、仰々しく謳っている。

ところが、先月22日、国家戦略特区諮問会議で10区域、23項目の進捗状況についての評価が発表されたが、〝世界で一番〟に当てはまるような経済波及効果があったのは、東京圏の「都市再生プロジェクト」4兆1000億円ぐらいである。

「経済成長を目的として外資を呼び込むということだったのに、外資は1社も入っていないし、実際にやっている事業は地域限定のチマチマしたものばかり。ドラスチックな新産業や地域開発もない。東京圏の都市再生プロジェクトがうまくいっているのは、特区だからというより、2020年に向けての東京五輪効果があるからでしょう」(『国家戦略特区の正体』の著者で立教大教授の郭洋春氏)

こうした寂しい結果になるのは、「国家戦略特区」の本当の目的は安倍首相の取り巻きが私的なビジネスチャンスを得ることであり、そのために「特区制度」を利用しているだけだからなのではないか。

「特区制度」が始まったのは小泉政権の「構造改革特区」からだが、もともとは地域がアイデアを出して国に提案し、国が認定するボトムアップの制度だった。ところが、「国家戦略特区」でトップダウン方式になり、似て非なる制度にガラリと変わった。「首相のリーダーシップで岩盤規制を打ち壊す」と言えば聞こえはいいが、その実態は、既得権益を壊す一方で新たに別の人に権益を与えるようなものなのだ。

実際、全閣僚が参加した構造改革特区とは違って、国家戦略特区の諮問会議メンバーは、首相以下、閣僚は4人だけ。そこに民間議員が5人加わるが、そんな少人数で、法の網がかからない〝特別扱い〟を決めてしまっている。

小泉時代から規制改革の旗振り役だった竹中平蔵氏（東洋大教授）が入っていることもミソで、現に竹中氏にも私物化疑惑が浮上している。

当然、国会でも「利益誘導」が問題視され、先月16日、衆院の地方創生に関する特別委員会で可決された国家戦略特区法の改正案に次のような付帯決議がつけられた。

〈民間議員等が私的な利益の実現を図って議論を誘導し、又は利益相反行為に当たる発言を行うことを防止するため、民間企業の役員等を務め又は大量の株式を保有する議員が、会議に付議される事項について直接の利害関係を有するときは、審議及び議決に参加させないことができるものとする〉

これにはさすがに、自公の与党議員も賛成していた。

インバウンドはいいけれど……安いニッポンに訪日客大挙

〝やってる感〟重視の安倍政権は、毎年のように様々な目標数値を掲げた。しかし、ここまで見てきた通り、金融緩和とバラマキ偏重、1年単位でくるくる変わる経済政策の看板掛け替えに終始したため、数値目標は未達成のオンパレードだ。

おもな目標と結果を少し挙げてみると……。

【名目GDP　2020年に600兆円】
↓　2019年558兆円、2020年537兆円
※算出方法を2016年に変更して「数値かさ上げ」をしても達成ならず。

【消費者物価指数　2015年春に上昇率2％】
↓　2018年0・9％が最大（消費税増税の影響を除く）

【出生率　2025年に希望出生率1・8】
↓　2020年の合計特殊出生率1・34、2022年は過去最低の1・26

【女性活躍　2020年に管理職の女性比率30％】

↓　2020年13・3％
※達成年限を「2030年までの可能な限り早期」へ先送り。
【訪日外国人観光客　2020年に4000万人】
↓　2019年3188万人（2020年はコロナ禍で411万人）

これほど未達成だと、民間企業の社長なら株主が黙っていない。

もっとも、安倍首相が最初から強い決意で達成しようと掲げた目標だったのかは疑わしい。安倍首相にとっては「言ったもん勝ち、あとは野となれ山となれ」で、耳目を集め、支持率アップにつなげられれば成功だったのだろう。

結果的にとはいえ憲政史上最長の7年8カ月もあったのだから、中長期的な視野を持って成長の種を蒔《ま》き、腰を落ち着けてじっくり育てることだってできたはずなのに残念だ。

ただ、インバウンド（訪日外国人観光客）については、2020年からのコロナ禍がなければ、4000万人の目標数値を達成できていたかもしれない。2030年6000万人の目標は今も継続されている。

「観光立国で稼ぐ」というビジョンは、2003年の「ビジット・ジャパン・キャンペーン」を経て、08年10月に国土交通省の外局として観光庁が発足した時には政府内にあり、09年9月からの民主党政権で本格化していたから、正確に言えば安倍政権の成果ではないが、着実に実行に移したという意味では、デタラメなアベノミクスの中で数少ない成功例ではある。

官邸で力を入れていたのは菅義偉官房長官だ。中国と東南アジア諸国からの旅行者に対するビザ発給要件を緩和し、アジアの中産階級の新たな旅行先として、日本への関心を高め、需要を掘り起こした。同時に、民泊を解禁するなど国内の受け入れ態勢も強化し、小売業は訪日客の爆買いに沸いた。2012年に1兆円だったインバウンド消費額は、2019年の4・8兆円にまでに拡大した。

コロナ禍の大打撃を経て、水際対策が完全解除された2023年はインバウンドが急激に回復してきている。23年8月の訪日客数（日本政府観光局の推計値）は19年の同月比85・6％の215万人まで戻ってきた。

和食が世界に浸透したことや、アニメやマンガなど日本のコンテンツ人気も背景にあるだろうが、インバウンドの急回復の最大のプッシュ材料は超のつく「円安」だ。

世界の物価比較で用いられる「ビッグマック指数」は、マクドナルドのビッグマック価格（1個）をドル換算し、各国の貨幣価値を測るもの。英誌「エコノミスト」が毎年発表している。

２０２３年1月時点（1ドル＝１３０円前後）で日本は３・15ドルだ。これに対し、最も高いのはスイスの７・26ドル、ユーロ圏では５・29ドル、米国は５・15ドル。アジア圏ではシンガポール４・47ドル、韓国３・97ドルである。

日本のビッグマックは23年1月時点で日本円では４１０円だ。これでも原材料の高騰で日本人にとってはかなり値上がりしているが、世界の国々から見れば「日本は安い！」ということになる。

インバウンドの急回復で、外国人に人気の高い京都ではホテルの予約が取りにくくなっているうえ、宿泊料金も上昇。都市部だけでなく地方でもコロナ後を狙ったホテル開業ラッシュが続いている。全国的に新規開業はラグジュアリー系の外資系超高級ホテルが多く、23年4月に東京駅前にオープンした「ブルガリ　ホテル　東京」は1泊25万円から。メインターゲットは外国人で、一握りの日本人富裕層なら泊まれるかもしれないが、普通の日本人はお呼びじゃない。

インバウンドはいいけれど……。

円安による内外価格差が続く限り、インバウンド頼みの経済成長を追求すれば、「安いニッポン」「貧しい国ニッポン」と裏表の関係だ。

移民の議論なし。もう日本に労働者は来ない

こんな「安いニッポン」に、果たして外国人労働者は今後もやってくるのだろうか。ネックは上がらない賃金だ。

日本の経済成長を阻む要因には、アベノミクスの失敗など政府の経済政策のマズさ以前に、少子高齢化で労働力不足という構造的問題が立ちはだかる。

それを補うため、安倍政権は2018年秋の臨時国会でバタバタと出入国管理法を改正し、翌年4月にスピード施行した。「特定技能（1号、2号）」と呼ばれる2つの在留資格を新設して14業種で外国人労働者の受け入れを拡大し、従来認めていなかった単純労働も合法化するものだった。

ここでより明確になったのは、1993年から導入されている「外国人技能実習制度」の破綻だ。

途上国への「国際貢献」の名の下に、外国人を日本人以下の低賃金で「労働力」として

使ってきたことはもはや否定しようがない。劣悪な労働環境、イジメや暴力に耐えかねて、実習先から失踪する実習生が続出していることも広く知られるようになった。

コロナの水際対策が解除され、23年5月に政府の有識者会議が技能実習制度を廃止し、「人材確保」を目的に加えた新制度創設を提案する中間報告をまとめた。批判された制度をようやく廃止する方向に舵を切ったのは、人手不足の尻に火がついているからで、日本側の勝手な事情だ。外国人労働者の人権侵害の問題は今も解消していない。そのうえ、日本の賃金は韓国やシンガポールより安い。出稼ぎ目的なら、わざわざ日本を選ぶだろうか。

公益社団法人「日本経済研究センター」が22年11月に発表したアジア経済予測によれば、日本に多く出稼ぎに来ている東南アジア各国（ベトナム、インドネシア、タイ）の現地給与は2030〜32年に日本の給与水準の50％を超える。日本に来るうまみが薄れるため、2032年には来日する外国人労働者が頭打ちになるという。

2018年の入管法改正時、国会では「これは移民政策を曖昧化したもの」という批判があった。自民党内の保守派を中心に「移民解禁」には反対が根強い。それで、「家族は連れてこられない」などの規制をかけて、永住につながらないようなハードルを作ったわけだが、あの時、移民の是非についてもっと国民的な議論になっていたら、と思う。人口減少社会で、どうやって日本が外国人とともに生活し、働く社会を作るか、どういう負担をするかなど、総合的なグランドデザインを描くべきだったのだ。

安倍首相は当時国会で、「国民の多くの方々が懸念を持っているような移民政策を取る考えはない」と答弁していたが、改正法施行前後に実施された読売新聞（2019年5月5日付）の外国人材に関する世論調査では、外国人が定住を前提に日本に移り住む「移民」の受け入れについて、賛成が51％で、反対の42％を上回った。

国民的な議論の素地はあった。安倍政権時代に移民や外国人労働者の待遇などについて、人権面も含め深い検討が行われなかったことが悔やまれる。

2023年の今になって政府が、無期限の滞在が可能で家族の帯同も許される、熟練者のための「特定技能2号」を大幅に拡大しようとしているのを見ると、相変わらずの後手に呆れるしかない。無期限滞在は永住を意味し、事実上の移民政策だ。ところが、なし崩しに広げようとしながら、岸田政権は依然、「移民にあたらず」（松野博一官房長官）と強弁し、相変わらず外国人との共生のグランドデザインを描こうとはしていない。

安い賃金で人権も尊重しない国に、たとえ移民を受け入れようとなっても、外国人が住みたがるのか。もはや手遅れではないか。

エコノミストなどに取材すると、「それでも日本は治安がいいし、賃金のわりに生活水準が高いので、住みたい外国人はいるだろう」とのことだが、さて。

いずれにしても、外国人労働者と移民政策については、逃げずに真正面から国会で徹底的な議論をしなければならない時期に来ている。

結局、アベノミクスによってもたらされた「失われた10年」で何が残ったのか――。庶民は超のつく円安が招く物価高に苦しめられ、グローバル比較で安すぎる給料に甘んじ、経済成長への明るい見通しが持てないまま、訪日外国人が「安い」「安い」と買い物するのを眺めている。

失敗が明確なアベノミクスを「道半ば」と言い続け、国民生活よりも政権維持とメンツを優先した安倍氏の責任は重い。

第2章　戦争を「身近なもの」にした大罪
——こうして日本は軍事大国へ

自衛隊観艦式で護衛艦「くらま」の艦上で海上自衛隊の演習を観閲。左は麻生太郎副総理＝2015年10月18日、神奈川県沖の相模湾で

今につながる安倍政権最大の罪

あれが歴史の分岐点だった――。後世の歴史家にそう評価されることになるのかもしれない。

「我が国を取り巻く安全保障環境は急速に厳しさを増している」

2023年の今、岸田文雄首相の演説などでこのフレーズがすっかり常套句になった。ロシアによるウクライナ侵攻があり、米中の覇権争いが激化し、台湾有事について公然と語られる。世論も増税は別として防衛力を強化することについては過半数が賛成と答える。岸田政権は23年度からの5年間で防衛費を総額43兆円に大幅増額し、それまでの2倍にあたるGDP（国内総生産）比2％とすることを決めた。

日本の防衛費は米国、中国に次ぐ第3位に躍り出ることになる。立派な「軍事大国」だ。経済規模が世界第3位なのだから、それから考えればおかしくないと言う人もいるだろうが、戦後日本は、保有する防衛力の目安をGDP比1％とし、憲法9条に基づく「必要最小限」という前提で来た。

「反撃能力」と言い換えた「敵基地攻撃能力」の保有も、国際法で禁止されている事実上の「先制攻撃」を認めることになり、岸田首相がどんなに「専守防衛を堅持する」と言おうが詭弁でしかない。現実には「専守防衛」から逸脱する。

まさに、安全保障政策の一大転換である。

ただ、「分岐点」は2023年ではない。今につながる14年7月1日。それまで憲法違反とされていた集団的自衛権の行使を安倍政権が閣議決定で容認したことにある。

集団的自衛権とは、国際法上、自国が直接攻撃されていないにもかかわらず、他国に対する武力攻撃を実力をもって阻止する権利。歴代の内閣は日本国憲法に照らし合わせて「行使は認められない」との立場だったが、安倍晋三首相が憲法解釈を変えて、「行使は認められる」としたのだ。

「集団的自衛権の行使容認」という禁じ手の解釈改憲

「安保法制懇も秘密保護法も日本版NSC（国家安全保障会議）も、全ての動きは絡み合っていて、結局、日米同盟を強化するためのものです。集団的自衛権の行使を容認し、日本が直接攻撃を受けていなくても、米国を助けて、いつでも戦争ができる国にしようということです。驚いたのは、安保法制懇の初回会合で安倍首相が『積極的平和主義の立場から、国家安全保障に関する基本方針を策定する』と言っていたことです。戦争することが平和主義なのでしょうか。（中略）日本は今まさに、危機に一歩踏み出そうとしているのです」

戦前生まれの法学者、九州大学名誉教授の斎藤文男氏（故人）が、2013年9月24日発行のゲンダイで、早くもこうした危惧を露わにしていた。

安保法制懇は安倍首相が第1次政権時の2007年に立ち上げた肝煎りの会議だ。正式名称は「安全保障の法的基盤の再構築に関する懇談会」で、首相の私的諮問機関。安倍氏は2012年末に再び首相に就くと、この懇談会を再始動させ、集団的自衛権の行使を容認するための議論を始めた。さらに、米国に倣《なら》った日本版NSC（国家安全保障会議）を立ち上げ、国家安全保障戦略を策定した。その過程で掲げられたのが「積極的平和主義」だ。

「『積極的平和主義』日本の安全保障の基本理念です」――と題された2014年当時の内閣官房の説明資料には、こうある。

〈いま世界では、核兵器や弾道ミサイルだけではなく、サイバー攻撃のように、私たちの暮らしを直接に脅かすものも増えており、どの国も自分たちの力だけでは、自国の平和と安全を守ることが難しくなっています。「積極的平和主義」は、国民の生命を守りつつ、

世界の平和と安定のために積極的に取り組んでいくこと〉

わざと抽象的な書きっぷりにしたのだろう。日本国憲法の三原則である「平和主義」に「積極的」に取り組むことを想起させているが、その実態は似て非なるものだ。肝は「どの国も自分たちの力だけでは、自国の平和と安全を守ることが難しくなっています」の部分である。日本が世界秩序を維持するために「積極的」な役割を担い、その際には、集団的自衛権、つまり海外での武力行使も辞さない、という立場を示している。

その下準備のための法改正、制度改正も矢継ぎ早に行われた。

「日本版NSC設置法」とセットで「特定秘密保護法」を制定した。「米国などと機密情報を共有するために罰則を定めた法律は不可欠」という理屈だったが、「平成の治安維持法」「国民の知る権利を脅かす」と批判の嵐の中での強行成立だった。

「武器輸出三原則」を「防衛装備移転三原則」に改め、武器輸出の原則禁止から「輸出できる国」に方向転換した。

安保法制懇が「集団的自衛権の行使」についての報告書をまとめ、安倍首相が記者会見した翌日、2014年5月16日発行のゲンダイ1面はこの会見を厳しく批判した。

〈何から何まで狂気の沙汰　この国は戦前の侵略国に逆戻り〉

これほどデタラメな会見がかつてあったか。日本中が呆れ返ったのが、きのう（15日）の安倍首相の記者会見だ。集団的自衛権の行使容認を〝検討〟してきた安保法制懇の報告書を受けて、政府の基本的方向性について国民に説明したアレである。（中略）説明の中身も論法も、詭弁とウソで塗り固められていたようなものだ。安倍は立憲主義も民主主義も国民もナメている。そうでなければ、狂っている。それを如実に表した世紀のデタラメ会見だったのである。

ひとつひとつ、説明しよう。まず、安倍は法制懇の報告書を受けて「政府としては今後、さらに研究を進めていきたい」とか言った。集団的自衛権の行使に慎重姿勢を見せる公明党の手前、「これから検討、研究」を装ったのだが、これがウソだ。自分と同じ考え方の学者らを揃え、内閣法制局長官まで恣意的な起用をしておいて、「今後、研究」なんて、よく言う。

と思ったら、安倍自身が会見の中で、「（現行の憲法解釈では）海外に出ている日本人を守ることもできない」「（その中に）お母さん、お孫さんがいるかもしれない」とか言って、

「これでいいのかと私は問いたい」と明言した。もう「結論ありき」で、猿芝居会見なのである。

もっとも、だとしたら、もっと説得力のある説明をするのかと思ったが、これがひどかった。専門家がのけぞるような根拠、論法を展開したのである。

例えば、安倍は「国民を守れない」例として、絵が描かれたパネルを用意して説明した。集団的自衛権がないと、日本近海の有事の際、近隣国の邦人を輸送中の米国艦船を防護できないというものだ。

日本人を助けるのになぜ「集団的自衛権」でなければならないのか。個別的自衛権でいいではないか。元内閣官房副長官補（安全保障担当）で国際地政学研究所理事長の柳澤協二氏は「トリッキー」と切り捨てた。

「日本人を守るのならば、個別的自衛権でいい。今回の事例では、日本近海で日本人を守るのですから、公海上の警察権でも対応できます。もっとも、そこまで危険な状況になる前に、民間人は民間機で帰国する。現地に残るのは大使館関係者ぐらいでしょうし、軽度の安全が確保されていれば自衛隊が邦人を輸送することだって、今の法律では可能です。つまり、安倍首相が挙げた事例は非現実的で、あり得ないケースなのです」

安倍はさらに集団的自衛権を行使しても「湾岸戦争やイラク戦争に参加することはない」「日本が再び戦争する国になるというのは誤解で、断じてあり得ない」と強調、「抑止力が高まることでより戦争に巻き込まれることはなくなる」なんて論法を持ち出したが、これもインチキ、マヤカシだ。東大大学院教授で哲学者の高橋哲哉氏がこう言った。

「安倍首相は会見で〝武力行使を目的として海外に行くことはない〟と説明していましたが、この言葉には何の担保もありません。だって安倍首相自らが、政府の意向で憲法解釈は変えられるんだと宣言したのですよ。だとすれば、〝海外に行かない〟〝戦争しない〟などの条件も、時の政権の意向によってクルクル変えられることになる。つまるところ、詭弁を弄し、解釈改憲というアリの一穴を開け、どんどん、解釈を拡大しようとしているわけでしょう。きのうの会見は、そうした論理破綻を露呈したものだったと思います」

揚げ句は「(日本国憲法は)日本人を守らない憲法ではないと思います」「守るのが私の責任だ」とか言って、集団的自衛権を正当化した。恐ろしい論理の飛躍で、この調子だと、「日本人を守るために」先制攻撃だってやりかねない。そうさせないために憲法の歯止めがあるのに、情緒的な論法で立憲主義を否定し、「俺が憲法だ」とばかりに居直ったのが、きのうの会見だったのである。

これには官邸前にデモ隊があふれ、日本ペンクラブが反対声明を出し、62の地方議会が反発したが、当たり前の話だ。インチキの極み、デタラメの二重三重唱と言うしかない。

安保法制成立までのドキュメント

デタラメな論理かつ憲法の解釈変更という〝禁じ手〟が猛批判された集団的自衛権の行使容認だったが、自民党内はもちろんのこと連立を組む「平和の党」のはずの公明党も、当初は山口那津男代表が「憲法の精神にもとる」と反対していたのに、結局、しがない〝下駄の雪〟。どこまでも自民党にくっついていくしかない。最後は容認し、2014年7月1日、閣議決定されたのだ。

手順としては、まず解釈変更で「違憲」の壁を取り払ったうえで、実際に集団的自衛権を行使できるように法律改正をする、という手法が取られた。

10カ月後の15年5月、自衛隊法など現行法の改正案10本を一括した「平和安全法制整備法案」と、武力紛争時に米軍など他国軍への支援を行うための新しい「国際平和支援法案」の2法案として、安全保障関連法案が閣議決定され、国会に提出された。

成立までは国会の内と外で激しい抗議行動が展開されたことを多くが記憶しているはず

だ。連日のように国会前では反対デモが行われ、「戦争法案絶対廃案」の大合唱や「安倍辞めろ」のシュプレヒコールが鳴り響いた。学生団体「ＳＥＡＬＤｓ（シールズ）」の活躍もデモを盛り上げ、幼児を抱きかかえた母親などデモに初参加したというような人たちも大勢集まった。

12万人が集まった同年8月30日の「安保法制反対大集会」の際には、国会正門前の車道に人垣が膨らんだインパクトのある空撮写真を共同通信が配信した。これに安倍首相が激怒し、「ああいう写真を二度と撮らせるな」と、以降の警備強化を指示したらしい。

〈三宅坂方面から会場に向かったのだが、近寄れず、財務省上の交差点に回った。しかし、多くの人であふれ、憲政会館から平河町交差点に出た。歩道も道路脇も公園も人で埋め尽くされていた。10万人以上か、ひょっとすると20万に近い人が集まっていただろう。「60年安保」以来、これだけ多くの人が国会前のデモに参加する姿は見たことがない〉

参加した元外務省国際情報局長の孫崎享氏がゲンダイの自身のコラム（２０１５年９月４日発行）にそう記していた。

憲法学の大家３人を参考人として呼んだ衆議院の憲法審査会では、異例の事態が起きた。

通常なら与党寄りの発言をするはずの自民党推薦の憲法学者が安保法案を「違憲」と断じたのだ。3人のうちの1人、小林節慶応大学名誉教授は「日本の憲法学者は何百人もいるが、違憲ではないというのは2、3人だ」と言い切っていた。実際、200人もの憲法学者が「反対」を表明した。

だが、あれだけの世論と憲法学者の徹底的な反対があっても、安倍政権は強行採決で押し切った。

2015年9月19日未明、安保関連法は成立。翌16年3月29日に施行された。

どんどん進められた日米の軍事一体化

集団的自衛権の行使には反対意見が多かったことから、安倍政権は「フルスペックではなく〝限定的な〟集団的自衛権」という国際的に通用しない勝手な概念を作り上げた。憲法改正の手続きを取らずに、解釈変更だけで集団的自衛権の行使を可能にするための手段として、まずは〝突破口〟を開いたのだ。

成立した安保法制で集団的自衛権を行使するには「自衛の措置としての武力の行使の新3要件」を満たしていなければならない。

①我が国に対する武力攻撃が発生したこと（武力攻撃事態）、または我が国と密接な関係にある他国に対する武力攻撃が発生し、これにより我が国の存立が脅かされ、国民の生命、自由および幸福追求の権利が根底から覆される明白な危険があること（存立危機事態）

②これを排除し、我が国の存立を全うし、国民を守るために他に適当な手段がない

③必要最小限度の実力行使にとどめる

「旧3要件」から変わったのは①だ。個別的自衛権だけではなく集団的自衛権の行使も認めるために、「存立危機事態」という概念を生み出したのだが、これも曖昧すぎて、時の政権の判断でいかようにも解釈できる。日本が集団的自衛権を行使するのは同盟関係にある米国を助けるためと考えるのが普通だ。あえて「密接な関係にある他国」などという表現を使っているのは、様々な国に当てはめる可能性を残しているのであり、「限定的」でも何でもなく、逆に無原則な適用拡大でしかない。

小沢一郎衆院議員もゲンダイのインタビュー（2014年6月26日発行）で、安倍政権の姑息な手口を批判している。

「限定というのは、日本が直接攻撃を受けた場合という、憲法9条の限定以外にないのです。安倍さんが一般的な集団的自衛権を行使したいというのであれば、正面から堂々と9条の改正をやればいいのです。そうすりゃ、おじいさん、おばあさんを船に乗せてどうこうという話よりもわかりやすいでしょう」

そこには、「何が何でも集団的自衛権」という安倍政権の強烈な意思が見える。

オバマ米大統領が「もはや米国は世界の警察官ではない」と発言したのは2013年。背景には「対テロ戦争」での疲弊と財政上の問題があった。その後のトランプ大統領が選挙戦で大々的に打ち出したように、米国は「アメリカ第一主義」に舵を切ったのだ。そして、同盟国に負担拡大を期待した。

その〝回答〟が自国防衛を超えて米国や米軍を守る集団的自衛権の行使容認であり、それを含む安保法制の整備だったわけだ。

実は、いざとなったらいつでも集団的自衛権を行使できるように、安保法の施行で自衛隊の任務は平時から大きく変貌している。国民が知らないうちに米軍と自衛隊の一体化が加速したのである。

他国の艦船や航空機を守る「武器等防護」が可能になり、２０１７年5月、海上自衛隊の護衛艦が米海軍補給艦と行動をともにし、初めて防護任務に就いた。これが安保法の初適用だったが、政府は国民に説明しなかった。

同じ年に航空自衛隊の戦闘機が米軍の爆撃機と共同訓練した際にも防護任務が付与されたが、それが明らかにされたのは翌18年1月の安倍首相の施政方針演説だった。

米軍の防護任務は、17年に2件だったのが、18年は16件に急増。共同訓練中だけでなく、北朝鮮の弾道ミサイルを警戒中の米艦の防護という実任務も行われた。直近の22年は31件で過去最多だ。21年からオーストラリア軍の防護も行っている。

地理的制約なしに、自衛隊が米軍を後方支援できるようになったことで、日本から離れた地域での共同訓練もどんどん増えている。

国連主導ではない平和維持・監視への参加も可能になり、19年4月にイスラエルとエジプト両軍の停戦監視活動を行う「多国籍軍監視団」に陸上自衛隊の幹部が派遣された。23年の現在も継続中だ。

こうして、安保法による実績作りが着々と進められているのである。

自衛隊の最高司令官は米国大統領なのか？

浜田靖一防衛相は23年3月の記者会見で安保法施行から7年経ったことについて、「日米同盟はかつてなく強固になり、抑止力、対処力も向上している」と成果を強調していた。

今や安保法は既定路線。法律が憲法を上からねじ伏せ、集団的自衛権の行使が「違憲」であることすら、記憶の彼方になりつつある。国会議事堂を取り囲んだ「抗議デモ」が幻だったかのごとく、この7年で国民の受け止め方も大きく変わった。

だがしかし、どう見ても米国に対して「主体性」のない属国のような状態になっている日本が軍事的に米国と一体化していくことは、「思考停止」にならないか。自衛隊の最高司令官が総理大臣ではなく米国大統領になってしまいかねない。

「米国の戦争に巻き込まれるのではないか。はっきり申し上げます。絶対にあり得ません」

安保法制が国会で審議されていた2015年、安倍首相はこう言っていたが、政治家が「絶対」なんて言葉を使う時は、絶対に嘘なのだ。

元外務省国際情報局長の孫崎享氏が当時（2014年6月11日発行）、こう言っていたことを思い出す。

「安倍首相はあたかも日本の防衛のように言っていますが、集団的自衛権とは米軍と一体となって行動することだと、これまでの日米関係で明確になっています。現に、アフガニスタンの戦争の時、日本は米国に自衛隊派遣を求められました。当時の福田首相は『日本は法律があるからできない』と断ったが、集団的自衛権の行使ができるようになれば、米国にNOと言えるわけがない」

福田康夫首相のこの件については、内部告発サイト「ウィキリークス」の米公電の中に記述がある。08年7月の北海道洞爺湖サミットに合わせて行われた日米首脳会談で、福田首相はブッシュ米大統領から「日本はアフガニスタンに中身のある支援をする必要がある」「形だけの貢献ではダメだ」と、アフガン本土への自衛隊派遣を具体的に要求されたが、「陸自の大規模派遣は不可能」と断ったという。是が非でも日本をアフガン戦争に参加させたかった米国は、「日本がサミットの成功を気にかけるタイミングが実質的なアフガン貢献をさせる最大のチャンスだ」と目論んだが、失敗した。

かつての自民党政権は、米国から参戦を要請されても憲法9条を盾に押し返してきたが、安保法制により、もはや米国の要求を拒否することは難しくなった。

大学教授や有識者からゲンダイに異例の激励

安倍政権が安全保障政策の転換に動き始めた2013年頃から、ゲンダイは徹底的に安保法制に反対する論陣を張った。憲法の解釈変更という〝ナチスの手口〟のようなやり方は立憲主義を愚弄しているし、何より、ゲンダイは通勤電車で通うサラリーマンを主要読者として創刊した。戦争になったら一番苦しむのはそうした会社員を含む一般大衆だからだ。

連日の1面記事で安倍政権を酷評するのはもちろんのこと、だらしのない大メディアも批判した。著名人や有識者にも登場してもらい、憲法改正や集団的自衛権についての他、戦前のような翼賛体制に向かいかねない危険性など、多角的な主張を記事にした。

例えば、こんな感じだ。

作家のなかにし礼氏

改憲論者とは戦争をしたい人たちなんですよ。日本には米軍基地がまだある。だから、真の独立のために戦争するというのであれば、まだわかる。しかし、彼らは集団的自衛権を行使して米国と一緒に戦争をするために憲法を変えたいわけでしょう？　論理破綻しているし、美しくもなんともない話です。安倍さんはただ祖父、岸信介が活躍した戦前の軍国主義の世の中に戻したいのでしょう。これは極めて個人的な心情で、岸信介を神とする信仰のように見えます。

（２０１４年5月2日発行）

劇作家の平田オリザ氏

対中、対韓政策と同じで、国民を「煽る」のは非常に危険な行為です。これまで歴代の自民党政権は、ある種の自制心を保ってきたわけですよね。一線を越えてしまうと、たぶん本人たちも制御できないような危険な領域に行ってしまう。安倍さんたちはただ政権維持が目的で、そこまでの意図はないのかもしれません。しかし、最終的にファシズムを推し進めるのは国民の熱狂です。それが一番危険なんです。

（２０１５年4月10日発行）

憲法学者の青井未帆氏（学習院大学大学院教授）

日本の場合、憲法９条があるので、そもそもできることには限界がある。米国のように、軍事力を国益だけでなく私企業の権益を守るためにも使います、とハッキリ打ち出している国とは違うのですが、安倍政権は米国と同じような軍隊の使い方ができる国にしたいのではないか。できること、できないことがあって、できる範囲でやるのではなく、とりあえず何でもできるようにして、その中から政策判断で何をやるかをピックアップできる国にしていきたい。それは9条を改正しないと無理な話なのですがね。できないことは、できない。そういう歯止めがなければ、憲法が意味のない紙切れになってしまいます。

（2015年5月15日発行）

政治学者の山口二郎氏（法政大学教授）

国会の多数を握った側が何をやっても許されるのは、民主主義とは言えない。昔の自民党ならある程度、議論して国民も反対、野党の異論にも理があるとなれば継続審議。マトモな法案に仕上げてから出直したものです。今の自民党は民主主義を健全に進める常識さえ失っています。

（2015年7月9日発行）

他にもゲンダイでは、当時91歳で国会議事堂前での抗議デモの演説に立った元首相の村山富市氏のインタビューや「安保法案を潰す秘策を話そう」と題した小沢一郎氏の週1連載などを展開し、学生団体「SEALDs」の活動、「国民安保法制懇」や「安保法制に反対する学者の会」など、反対運動のうねりを積極的に取り上げた。

そうしたら驚いたことに、デモなどの現場に取材に行くと「頑張ってますね」などと声をかけられることが増えた。大学教授や有識者からもしばしば激励されるようになり、「安倍政権に真正面から対峙しているのは東京新聞とゲンダイ」と発破をかけられたものだ。

「このニュースは大衆にどんな影響があるのか?」を忖度なく本音で斬り込むゲンダイの視点やスタンスは一切変わっていない。こうした反響は、安倍政権に対する大手マスコミの二極化や朝日新聞を筆頭にいわゆるリベラルと呼ばれる勢力の弱体化で、相対的にゲンダイが浮かび上がった結果なのだろうか……などと思ったものだ。

小林節氏が連日のコラムで喝破

憲法学界の重鎮の小林節氏(慶応大学名誉教授)には「憲法集中講義」とも言える連載コラムを長期に続けてもらっている。

小林氏は改憲派の論客として、1980年代から自民党の「指南役」を務めてきた人物である。しかし、自民党の改憲草案作成にも関わったものの、立憲主義を踏みにじる内容のため反対に回った。「違憲の安保法による立憲主義の破壊は許さない」と、2016年の参院選時には政治団体を立ち上げ、自ら出馬したほどだ。

小林氏は「憲法は国家権力を縛るものである」と憲法の本質を突きつけて〝アベ壊憲〟を批判し、喝破してきた。

「自民党議員は憲法を勉強していない」「憲法の意味をわかろうとしていない」と、呆れてもいた。今もそうだ。真面目に勉強してもいないのに、勝手な解釈で自分たちの好き勝手に憲法を蹂躙《じゅうりん》する面々は許し難いと考えている。

小林氏の「憲法連載」の中から、そんな怒りと嘆きがにじみ出ているものを1編紹介する（2015年3月30日発行「新安保法制　与党合意を論評する」より）。

集団的自衛権の解禁に関する過去1年余の議論に付き合ってきたが、いつの間にか、海外派兵解禁はもはや既成事実のようになっており、それにいかなる歯止めをかけるかが主な論点になっているようにさえ思えてくる。

しかし、憲法9条がいまだ有効に存在している以上、海外派兵解禁を当然の前提にさせてはならない。

憲法9条は、まず1項で、国際紛争を解決する手段としての戦争（侵略戦争）を放棄している。だから、わが国は「自衛」だけが許されている。しかし2項で、軍隊（海外で戦争をする道具）と交戦権（海外で戦争をする資格）を禁じている。その結果、わが国は、海外派兵をその本質とする集団的自衛権は行使できない、「専守防衛」の国なのである。

にもかかわらず、与党は今回、憲法9条をそのままにして、海外のどこででも友好国軍と一体になって戦争ができることにした……と言っている。これは、単純明快な憲法無視、憲法破壊以外の何ものでもない。

憲法は、本来的に不完全な人間が国家権力を預かった場合に、経験上、それを乱用する危険性が高いので、権力者を縛る規範として創作されたものである。

にもかかわらず、「憲法は権力者が使いこなすものだ」などと嘯く御用学者の助言に力を得た政治家たちが、公然と憲法を無視する挙に出た。21世紀の日本でこんな政治が存在していいはずがない。これは、立憲主義の否定であり、民主主義の崩壊である。

国の存立すなわち主権者国民たちの生命と財産と名誉にかかわる海外派兵の解禁などという重大事の本質について、昨年来、政府・与党は国民に極力「知らせまい」としてきた。

まさに、王制の時代の「人民には知らしむべからず、由らしむべし」の如くに、国民に情報を与えず（いわばけむに巻いて理解不能に陥らせたうえで）、権力者の言いなりに引っ張り回して（頼らざるを得ないように仕向けて）いるように見える。これは、実に姑息で卑怯な政治運営である。

ふざけないでほしい。私たちは愚民ではない。主権者を愚弄する政治をこれ以上許してはならない。

安倍氏の改憲へのこだわりと挫折

安倍首相が閣議決定による解釈改憲という姑息な〝禁じ手〟を使って日米の軍事一体化を加速させる道筋を作ったことで、安倍氏が当初目的とした「9条改憲」は「もう必要なくなった」という見方が改憲派の中に広がった。少なくとも、過去に日本に自衛隊派遣を求めても憲法を理由に拒否されてきた米国は、解釈改憲を歓迎したことだろう。

だが、安倍氏本人は不満だった。「解釈改憲」は安倍氏が目指した憲法改正とは似て非なるものだった。

「安倍晋三氏の改憲志向は『思想』ではなく『血脈』だ」

こう断言するのは、共同通信政治部時代に安倍氏の父・晋太郎氏の番記者で、長年、安倍家を取材してきた政治評論家の野上忠興氏。私の取材に次のように明かす。

「手元に、私や近しい周辺に漏らした本音満載の膨大なメモがある。その中に、こんな言葉がある。『俺は岸がやれなかった憲法改正さえやれば、いつ辞めてもいいんだ』」

それほどまでに、安倍氏には憲法改正を自ら実現することへの強いこだわりがあったのだ。

第2次政権が発足してすぐの2013年には、憲法改正の手続きを定めた96条の改正を目指すと打ち出した。衆参両院での3分の2以上の賛成という憲法改正の発議の要件を、2分の1に引き下げようと試みたのだが、「裏口入学だ」などと批判され断念。そこで一旦は、閣議決定による解釈改憲に方針転換したわけだ。

しかし、16年夏の参院選を経て、衆参両院で改憲勢力が3分の2に達すると、安倍首相は翌17年5月の憲法記念日に、憲法9条に自衛隊の存在を明記する形での憲法改正の実現をブチ上げる。「2020年に新憲法施行」という時期にも言及した。この案は、17年秋の総選挙での自民党の公約にも掲げられ、後に教育無償化、緊急事態条項、参院選挙区の

「合区」解消を加えた「改憲4項目」として、今も自民党案として維持されている。

安倍氏は、残りの任期を「2020年新憲法施行」のスケジュール実現に賭けていた。17年の憲法記念日での発言を受け、安倍氏周辺はこう漏らしている。

「退路を断った。やらないわけにはいかない。自公と維新で突破する。来年（18年）の通常国会で改憲を発議する」

だが、思うようにことは進まず、タイムスケジュールはずれ込み、焦りが色濃くなる。

「18年秋に憲法改正解散と国民投票のダブル選挙に踏み切る。そして、19年5月3日に新憲法発布。20年施行だ」

「改憲は9条である必要はない。緊急事態条項を追加する加憲でもいい」

「何でもいいから国民投票で国民が○をつけられるものを提案する」

「19年夏の参院選の時に、衆院選と国民投票のトリプル選挙だ」

こんな調子で、安倍氏周辺の発言は変遷した。当初の目標の「9条改憲」が「何でもいいから改憲」へと変わっていった。

それとともに、改憲にこだわる安倍氏の本音が浮き出てくる。

前述した政治評論家の野上忠興氏が私の取材にこう明かしている。

「安倍首相が残りの任期でやりたいことは、憲法改正しかありません。改憲がなぜ安倍首相にとって悲願なのか。そこには3つの意味があります。1つ目は祖父・岸信介元首相の思いを引き継ぐという執念。2つ目に自分を応援してきてくれた右派のコアな支持層の願いに応えること。そして3つ目は、歴史に自分の名前を残すこと。改憲は自民党の党是ですが、歴代首相の誰もが手を付けられなかった。それを実現し、レガシーとして残したいという執着はものすごく強い」

特に3つ目だ。歴史に自分の名前を残す。レガシーである。

だが、「必ずや私の手で成し遂げたい」と繰り返してきた憲法改正は、結局、成し得なかった。

首相在任記録を次々に塗り替え、歴代最長も視野に入ってきた2020年頃には、安倍氏は周囲にこんな言葉を漏らしていたという。

「俺って結局、このままでは何もやり残せず、ただ長くいた総理大臣で終わってしまうなあ」

「安保法制。俺はあんなことをするために総理になったんじゃない」

トランプに媚びて米国製兵器を爆買いしたツケ

その成果は別として、安倍政権時代の実質的な外務大臣は安倍氏だった。「地球儀俯瞰外交」や「自由で開かれたインド太平洋」などの新たなスローガンを掲げ、日米同盟を強固にしたのは間違いないだろう。

中でもトランプ米大統領とは、安倍氏本人も『安倍晋三　回顧録』で明かしているように、1時間や1時間半も「ゴルフ談議」の長電話をするほど親しかった。ワシントンの常識が通用しないトランプ氏は、だからこそ一部に熱狂的な人気があるのだが、そんなトランプ氏と会話が嚙み合う政治家は少数派だ。安倍氏は2020年夏に首相を退陣した後、体調が改善したあたりから、近しい周辺に「24年の米大統領選挙でトランプ再選なら、私しか総理はできない」と、3度目の政権への意欲を見せていたという。

だが、対日貿易赤字に不満を示し、「バイ・アメリカン（アメリカ製品を買おう）」と呼びかけるトランプ氏の歓心を買うために差し出されたものの代償は重い。

トランプ氏は口を開けば日本に対し、「武器を買え」と要求してきた。国賓として来日した際はもちろんのこと、国際会議での首脳会談時や、長電話の中でも「武器を買え」の要求があったという。

そんな米国にシッポを振って武器を爆買いした結果、どうなったか。安倍政権時代に米国の武器輸出制度「対外有償軍事援助（FMS）」の支払いがとんでもない額に増えてしまった。

このFMSはクセモノで、米政府が価格設定を主導し、交渉の余地は皆無に等しい。つまり、米国の「言い値」で武器を買わされている。そのうえ、購入代金は複数年度に分割して支払う。その「兵器ローン（後年度負担）」の残高は、第2次安倍政権1年目の13年度の3・23兆円が、22年度には5・86兆円だ。実に、日本の年間防衛費に匹敵する額にまで増えているのだ。米国への支払額も当然、増すばかりだ。

防衛ジャーナリストの半田滋氏がゲンダイ（2022年5月30日発行）で次のように実態を指摘した。

「FMSによる米国製兵器の調達額は、第2次安倍政権で大きく膨らみました。それまでは、民主党政権でもその前の自民党政権でも年間500億〜600億円で推移していたのが、安倍政権の2013年度に1000億円になり、15年度には4000億円、19年度には7000億円を超えたのです。安倍政権8年のローンの支払いが今、本格化している。22年度の米国への〝ツケ払い〟は対前年比で10％以上も増えています。防衛費の内訳は4割が人件費、4割がローンなどの歳出化経費、2割が一般物件費で、ローンの額が膨らめば防衛費が足りなくなるのは当然です。兵器が本当に必要なのかどうかとは関係なく、安倍政権の7年8カ月で米国に巨額を支払う流れができてしまい、逃れられなくなっている。弾薬不足などという防衛費増額理由の解説は口実。安倍氏の失政を見えなくする隠蔽工作です」

加えて理解しかねるのは、百歩譲って、これだけの費用を投じて防衛力が高まるのならまだいい。ところが現実は、高価なだけで性能がすばらしいわけではなく、現場の自衛隊が欲しがっていない使えない兵器ばかり買っていることだ。

代表例が悪名高き無人偵察機「グローバルホーク」である。3機の購入を決めたのはオバマ政権の時代の2014年だが、半田氏によれば、グローバルホークは陸上偵察用なので、島国の日本には無用の長物と言っていい。明らかな〝政治案件〟で、陸海空の自衛隊のどこも欲しがらず、現場のない内部部局が仕方なく手を挙げた。契約当初の価格から何度も値上げされたうえ、使い道もないのでキャンセルすることも検討されたが、政治案件なので決断できず。当時の防衛相は「安倍さんが約束しちゃったから」と漏らしていたという。

その後、グローバルホークは航空自衛隊の三沢基地に配備されることになり、「偵察航空隊」という新部隊が発足してはいる。しかし、実際の運用や整備は米国の技術者が担うため、彼らの生活費も日本側が払うのだという。その額40人で年間30億円。1人当たり年間7500万円というとんでもない高額だ。

23年3月1日の参院予算委員会で行われた辻元清美参院議員（立憲民主党）の質問での、防衛省とのやり取りにも驚かされた。

「グローバルホークを9年前に契約した。3機で613億円、維持費はその5倍の2951億円。9年経ってもまだ1機納入されていない。その間に米空軍は2年前、日本が買う機種は旧式で中国の脅威に対応できないとして、保有する20機すべてを退役させるとしたのは事実か」

この質問に、防衛省は「承知している」と答え、事実だと認めた。

つまり、こういうことだ。米空軍が「使い物にならない」として「退役」を決めた型落ちの無人偵察機を、日本は多額の税金を投じて購入契約したうえ、まだ「未納の機体」もある。そして、未納分を含めた維持費はすでに3000億円近い。これでは税金がいくらあっても足りるはずがない。

故障が多いなどの問題が指摘されている最新鋭ステルス戦闘機F35についても、当初の導入計画は42機だったが、安倍首相がトランプ大統領に追加調達を約束し、合計147機の配備計画となっている。機体購入費と維持費で6兆円超かかる見通しだ。

これについては、トランプ大統領が19年の訪日時の記者会見で、「米国の同盟国の中で日本が最大のF35保有国となる」と明かし、安倍氏を〝称賛〟している。買い手のいない戦闘機を大量購入してくれるのだから〝日本は上客〟ということなのだろう。

防衛費倍増で手形を決済する岸田首相

岸田政権が防衛費をGDP比の2%、5年間で43兆円に倍増することを決めたが、その裏には、安倍政権時代に出来上がった米国からの兵器爆買いの流れと膨れ上がったFMSの兵器ローンという〝負の遺産〟が横たわる。

さらには、FMSに荷重が置かれたため、日本国内の防衛産業への支払いが5年ローンから10年ローンに引き延ばされるなどした。そうした国内防衛産業を支援するための法律も2023年に成立した。米国に借金を返しながら、新たな借金を作り続ける〝無限ループ〟に対応していくためには、防衛費をこれまでの倍の額にしなければ回らないということなのだ。その結果、予算が組めないから、27年度までのどこかのタイミングで必ず「防衛増税」なのである。

首相官邸の関係者はこう言った。

「安倍氏がトランプ氏と約束した防衛費のGDP比2%を岸田首相が実現した。米国から巡航ミサイル『トマホーク』の購入を決めたのも、安倍政権時代の延長線上にある。安倍氏はトランプ氏に7兆円分の武器購入の手形を切っている。岸田首相がそれを引き継いだ」

7兆円という金額はどういう根拠なのか不明だが、いずれにしても理不尽な防衛増税は、安倍氏が作ったツケを国民が払わされるということなのだ。

そして米国がトランプ共和党からバイデン民主党に政権が代わっても、防衛費を倍増し、日本に武器を買ってもらう〝約束〟は引き継がれている。

バイデン大統領が23年6月20日の自身の集会でポロリと暴露した。後に訂正してはいるが、支援者向けアピールに使われたその演説の中身は衝撃的だ。

「私は日本の議長、大統領、副……いや失礼、指導者と広島（G7サミット）を含め、確か3回会談した。そして彼（岸田）が……、私が彼を説得した結果、彼自身が何か違うことをしなければと思うに至ったのだ。日本は防衛費を飛躍的に増やした」

安倍氏も岸田氏も、米国の言うなり。米国はそれを当然視している。日本政府に自主性はない。その結果、国民負担が増えるというのは納得できない。

日本は台湾有事の「要」になるのか

「台湾有事は日本有事」

この言葉を広めたのは安倍氏だ。首相を退陣した後の2021年12月1日、台湾の民間シンクタンクが主催したシンポジウムに日本からオンラインで参加し、「新時代の日台関係」と題した基調講演をした時のことだ。首相という立場を離れた気安さからか、この頃には安倍氏は勇ましい言葉を頻繁に口にするようになっていた。

「日本と台湾がこれから直面する環境は緊張をはらんだものとなる」

「尖閣諸島や与那国島は、台湾から離れていない。台湾への武力侵攻は日本に対する重大な危険を引き起こす。台湾有事は日本有事であり、日米同盟の有事でもある。この点の認識を習近平主席は断じて見誤るべきではない」

こう言って日中間の緊張を高めた。

安倍氏は同じ日に行った日経新聞のインタビュー（翌2日掲載）でも、「台湾有事は日米の有事」と発言。「抑止力が弱いと相手にとって武力行使の誘因になる。抑止力とは打撃力であり反撃能力でもある。相手が脅威に思うことが抑止力となる」と持論の敵基地攻撃能力の必要性についても展開した。

台湾をめぐるこれらの安倍氏の発言に、中国は「内政干渉」だと猛反発した。すると、安倍氏は直後の12月3日に出演したインターネット番組で「はっきり考えを言うことが衝突を防ぐことにつながる。これからも言うべきことは言う」と強気で反論したのだった。

安倍氏が繰り返す「台湾有事は日本有事」の意図は――。最初の発言から1週間後の12月7日と13日、立て続けに2つのBS番組に生出演して語った。

「（台湾は）与那国島、先島列島（諸島）と100キロしか離れていないんですから。有事となれば、日本にとっても少なくとも『重要影響事態』になります」

「米艦に攻撃があった時には、集団的自衛権の行使もできる『存立危機事態』になる可能性がある」

　2015年に自らが成立させた安全保障関連法に基づき、「重要影響事態」になれば、自衛隊は米軍への後方支援が可能になる。「集団的自衛権の行使」が可能な「存立危機事態」なら自衛隊は米軍と一緒に戦える。安倍氏はそう言いたいのだろう。だが、その結果、米軍基地のある日本が戦場になり、犠牲者が出る可能性まで想像して発言していたのだろうか。


　その後、米国ではインド太平洋軍のデービッドソン司令官が上院軍事委員会で2027年までの「台湾有事」勃発の可能性に言及し、バイデン大統領は中国が台湾に軍事侵攻した場合、軍事的に関与する意思があるのか問われ、「イエス」と明言した。

　そんな中で、米国のシンクタンク「戦略国際問題研究所（CSIS）」が23年1月9日に公表した台湾有事に関する机上演習（シミュレーション）が注目された。

　シミュレーションでは中国軍が26年に台湾へ上陸作戦を実行すると想定している。大半のシナリオで中国は台湾制圧に失敗するものの、米軍や自衛隊は多数の艦船や航空機を失うなど大きな損失を出す結果となった、などというものだが、そこで語られている重要なポイントは、在日米軍を置く日本を台湾防衛の「要」と位置づけていることだ。「オーストラリアや韓国などの同盟国も何らかの役割を果たすかもしれないが要は日本だ」と指摘し、「日本の米軍基地を使えなければ米国の戦闘機などは効果的に戦闘に参加できない」として、日本と外交・防衛協力を深めるべきだと提言した。

つまり、日本の協力がなければ米軍は中国軍と戦えない。米国は台湾有事において日本の協力を大前提としている、ということなのだ。

シミュレーションが明らかになった直後、CSISの日本部長、クリストファー・ジョンストン氏が日経新聞（2023年1月15日付）のインタビューで「2010年ごろは台湾有事のシナリオを話すのは不可能だった。いま日米はより率直に現実的に話し合えるようになり、議論が深まっている」と語っていたことも興味深い。

つまり、今から10年ほど前までは、米国が台湾有事の話を持ち出したくても、日本国内でそれが受け入れられる余地がなかったので、話すことさえできなかった。安倍政権での安保法制と、後述する岸田政権での安全保障3文書改定により、台湾有事への対応が当たり前に語られるようになり、米側が喜んでいる、ということだ。

台湾有事になったら在日米軍基地が使われる。そうなれば、中国が在日米軍基地、つまり日本を攻撃してくる可能性がある。日本が参戦するのは「当然」というのが米国の認識だとしたら、安倍氏はとんでもない法律を整備してくれたものだ。

その時、日本が参戦を「拒否」することはできるのか。集団的自衛権の行使を認めた安保法制により、もはや「拒否」は難しくなってしまったのではないか。

日米安保条約では、米軍が戦闘時に在日米軍基地から新たに直接出撃する場合には、米国は日本と「事前協議」をすることになっている。この事前協議で在日米軍基地からの出撃を日本が拒否をする、日本政府が認めても国会が承認しない、という手段があるとの専門家の解説もある。だが、対米従属を強める今の自公政権では、拒否や承認しないという判断などできないのではないか。そうなると、台湾有事を想定するのなら、自公政権のままでいいのか、という別の問題も浮上する。

ロシアによるウクライナ侵攻を受け、岸田首相は「今日のウクライナは明日の東アジアかもしれない」との発言を繰り返す。「台湾有事」のシミュレーションが繰り返されるほど、日米の軍事一体化が加速する。一体化が日常になる。日本はルビコン川を渡ってしまった。

なぜ日米地位協定の改定を求めないのか

安倍氏は自民党幹事長時代の2004年、『この国を守る決意』（扶桑社）という岡崎久彦氏との共著の中で日米同盟強化のため集団的自衛権の行使容認を主張し、こう述べていた。

〈軍事同盟というのは〝血の同盟〟です。日本がもし外敵から攻撃を受ければ、アメリカの若者が血を流します。しかし今の憲法解釈のもとでは、日本の自衛隊は、少なくともアメリカが攻撃されたときに血を流すことはない〉

つまり、憲法解釈を変え、これからは日本の若者にも血を流させますよ、ということだ。総理大臣になって、長年の自らの主張を実現させた。

安倍氏は、米国が攻撃されても日本の自衛隊が血を流すことがない状況を「片務的」と捉え、「双務的にする」という強い意気込みで法整備を進めた。それによって「日米の対等な同盟関係」により近づくということだったのだが、そこまで「対等」を主張するのならば、なぜ同時に、不平等極まりない「日米地位協定」の改定を米国に求めなかったのか。

外務省のホームページの「日米地位協定Q＆A」にはこうある。

〈日米地位協定は、日米安全保障条約の目的達成のために我が国に駐留する米軍との円滑な行動を確保するため、米軍による我が国における施設・区域の使用と我が国における米軍の地位について規定したものであり、日米安全保障体制にとって極めて重要なものです〉

世間の風当たりの強さを意識してか、Q&Aでは「在日米軍の特権を認めることを目的としたものか」「日本にとって不利になっているというのは本当か」といった疑問をことごとく否定する内容になっているが、現実はやはり不公平な協定だ。

在日米軍基地の74%を占める沖縄では、オスプレイやヘリコプターの墜落など米軍機の事故や米兵による強盗や殺人事件、レイプ事件などがしばしば発生した。しかし、日米地位協定により、米軍基地内には干渉できず、日本の法律が適用されず裁けない。米軍の了解なしに、警察は事故の捜査すらできない。米兵が基地内に逃げ込んでしまえば、警察が逮捕するのは難しくなる。事件性によっては国内法が適用されるようにもなったが、まだまだ一部に限られている。

こうした米軍の事故や米兵による犯罪は沖縄以外の在日米軍基地周辺でも起きている。だが、これまで日米地位協定は一度も改定されず、日本政府は地位協定の「運用見直し」

でお茶を濁し続けてきている。安倍氏も首相在任時の国会答弁で「日米地位協定は運用改善だけで十分」と明言してきた。

それだけじゃない。日本の「空」も米軍に奪われている。

米軍機は日米地位協定に基づく「航空特例法」により、日本の航空法の適用外という「治外法権」状態にある。普天間基地所属のヘリなどは沖縄だけでなく、日本全土の上空を好き勝手に飛び回り、全国の米軍基地を自由に往来している。

そして、1都9県の上空も「横田空域」と呼ばれる米軍の支配空域だ。管制は米軍が行っており、民間機は自由に飛べない。例えば、羽田空港に離発着する国内便が房総半島などの上を遠回りしているのは横田空域を避けて飛ばなければならないからだ。東京五輪に合わせた米国との交渉によって一部、日本の管制で通過可能となったが、基本は今でも米軍主導だ。

先進国の中で自国の首都の上空が外国軍に管理されている国が他にあるだろうか。

他にも、新型コロナ禍では、沖縄の米軍基地でクラスターが発生し、その後、県内が感染爆発に見舞われた。米軍が日本政府に通知することなく、日本に入ってくる米兵のPCR検査を止めていたなど、水際対策に「穴」が開いていたからだった。日米地位協定9条で米軍関係者は日本の入管法適用や検疫を免除されているため、基地から直接出入国できるのだ。

沖縄県の玉城デニー知事は、「米軍に地位的な特権を与え、十分な感染予防対策に関する情報の提供も共有もままならないなどの状況を作り出している。日米地位協定がもたらす構造的な問題だ」と怒りを爆発させていた。

ちなみに、米国が同じような軍事的同盟関係と地位協定を結んでいる国は他にもある。ドイツ、イタリア、韓国などがそうだが、それらの国は自国の国内法の適用が基本になっていて、駐留米軍は規制を受けている。当然の姿だ。

こうした現実は、終戦から80年近く経っても日本が米国の占領下にあるという現実を浮き彫りにしている。

沖縄国際大学大学院教授の前泊博盛氏はゲンダイのインタビュー（2022年2月10日発行）で、日米地位協定をめぐる問題の根深さについて、こう語っている。

「地位協定を改定し、従来の『旗国法原理＝属人主義』を他国同様の『領域主権論＝属地主義』に変える必要があります。つまり、郷に入れば郷に従えということ。そもそも、国務省も国防総省も特別な取り決めがない限り、受け入れ国の法律が適用されるとの認識です。国務省がまとめた『地位協定に関する報告書』（2015年）には、〈一般的には、その国が自国の裁判権についてある種の制限を設けることに同意していない限り、その国にいる人はその国の法律が適用されることが国際法上のルールであることが認められている〉と明記されている。米軍のマニュアルなどにも同様の記載がある。日本が『制限に同意』していることが米軍をめぐる問題の本質です。主権国家としてのプライドのなさ、政府や外務省の力量のなさ、そして国民の無知と無関心がなせる業なのです」

主権国家としてのプライドのなさ、国民の無知と無関心――。それを象徴するのが、来日時の米国大統領の「裏口」入国の常態化だ。

トランプ大統領の2017年の初来日時、大統領専用機「エアフォース・ワン」は成田や羽田といった日本の国際空港ではなく、米軍横田基地に直接舞い降りた。入管・税関を通れとは言わないが、外国の首脳が来日するのであれば正面玄関から入国するのが当然だし、礼儀だろう。独立国同士の不文律だ。ところが、トランプ大統領は米軍基地から入った。要するにそこは日本ではないのだ。アメリカの領土であり、好き勝手にいつ行き来しても構わない。

少なくともオバマ氏やその前のブッシュ氏など歴代の米国大統領は、曲がりなりにも日本を主権国家とする対応で、国際空港という「表玄関」から入国していた。アメリカンセンターの記録によれば、1974年のフォード大統領まで遡っても、訪日時は羽田空港や大阪国際空港などに到着している。

バイデン大統領も正面玄関から入国していない。22年の初来日時は横田基地に、23年のG7広島サミット時にも、米軍岩国基地に降り立った。

今なお日本は独立国家ではない、ということだ。屈辱的だが、それは、米国が失礼なのではない。日米地位協定を改定しようとしない日本政府の問題である。

安倍氏の解釈改憲の延長線上に岸田「3文書改定」

まずは、2022年12月12日発行のゲンダイ1面の冒頭部分を紹介したい。

〈やり方、決め方、すべてが姑息
岸田さん　国と国民を守りたいなら辞めてくれ〉

「それは、血を吐きながら続ける悲しいマラソンですよ」——。今年、放送55周年を迎えた日本特撮の金字塔、「ウルトラセブン」の主人公・モロボシ・ダンのセリフだ。

第26話「超兵器R1号」で「侵略者は超兵器に対抗して、もっと強力な破壊兵器を作りますよ！」と訴えるダンに対し、同僚のフルハシ隊員は「われわれは、それよりももっと強力な武器を作ればいいじゃないか」と言い放つ。この投げやりな言葉に続くのが、冒頭のセリフである。

当時は東西冷戦やベトナム戦争の真っただ中。軍拡競争を皮肉った重いエピソードだが、制作者側もまさか55年後の日本の状況にこの名言がピタリと当てはまる状況になるとは思いもよらなかっただろう。

10日に臨時国会の会期末を迎え、岸田首相が記者会見に臨んだ。「敵基地攻撃能力の保有」を含む防衛力の抜本的強化に関し、岸田は「今回の取り組みは安全保障政策、あるいは日本の財政政策においても大きな転換だ」との認識を披露。２０２３年度からの5年間で現在の１・5倍強にあたる約43兆円を確保する防衛費のうち、27年度から不足する1兆円強を賄う増税については「増税が目的ではない。防衛力の強化、維持が目的だ」と強調し、決意をこう示したのだ。

「総理大臣として、5年間で抜本的に防衛力を強化することを決断した」「それが、国家国民の平和と安全をあずかる総理大臣、自衛隊の最高司令官としての総理大臣の使命だ」
大見えを切った岸田の「オレが、オレが」感にはア然とする。

安倍氏が閣議決定で容認した集団的自衛権の行使とそれを法制化した2015年の安保関連法は、安倍氏に言わせれば「抑止力」なのだろうが、日本国憲法の平和主義を重視する者には「戦争準備」に見える。それをさらに先に進めたのが、岸田首相だ。

22年12月16日、安全保障関連の3文書を改定した。3文書とは、①外交・防衛の基本方針を定めた「国家安全保障戦略」、②日本の防衛力整備の指針である「国家防衛戦略」、そして③具体的な装備品の整備の規模や防衛費の総額などを定めた「防衛力整備計画」のこと。

〝歴史的〟と言える大きな転換は、敵基地攻撃能力の保有と23年度からの5年間で総額43兆円という防衛費の大幅増額である。敵基地攻撃能力はネーミングが悪いとして「反撃能力」に言い換えられた。この2つの大転換は、いずれも安倍氏の持論であり〝遺言〟のようなものだ。

敵基地攻撃能力の保有を認めたことで、相手国の攻撃着手を確認しただけで相手領土にミサイルを撃ち込めるようになる。しかし、何をもってして「着手」とするのか。国会でも明確な説明はない。

敵基地攻撃は国際法違反の「先制攻撃」と見なされかねず、戦後の日本が国是としてきた専守防衛を逸脱する。徹底的な議論があってしかるべきなのに、岸田首相は「専守防衛は堅持」と強弁するだけで、真正面から答弁しない。

岸田首相は安保3文書の閣議決定後の会見で、「相手に攻撃を思いとどまらせる抑止力となる反撃能力は今後、不可欠となる」と言ったが、これも怪しい。多くの専門家が懐疑的であり、防衛ジャーナリストの半田滋氏は私の取材にこう話した。

「政府や自民党は、敵基地攻撃能力を持てば抑止力が高まり、日本は安全になると主張する。本当だろうか。自衛隊は『専守防衛』の制約から攻めてくる敵を撃退する訓練しかしていない。攻撃は想定しておらず、他国のどこに基地があるのか正確な地点を知る術さえない。そんな中途半端な攻撃力に相手がひるむはずがない」

岸田首相は、安倍氏が進めた「武器商人大国」への道をさらに加速させようとしてもいる。

前述したように、安倍政権時の2014年に、武器輸出を事実上禁じてきた「武器輸出三原則」に代えて「防衛装備移転三原則」を閣議決定し、輸出の道を開いた。武器輸出を成長戦略の一環に据え、大学での軍事研究も推進した。紛争当事国を除いて、「平和に貢献し日本の安全保障に資する」のであればどの国へも輸出し、あるいは共同開発を進めることができるようになった。

そして2022年。岸田政権は、ロシアに侵攻されたウクライナを支援する目的で、特例的に「紛争当事国に武器を輸出しない」との運用指針を改定した。この時送られたのは、自衛隊保有の防弾チョッキやヘルメットなどだが、これを「殺傷能力のある武器」に広げることまで検討されている。

さらに、従来のODA（政府開発援助）では軍事支援ができないため、価値観を共有する「同志国」の軍などを対象にしたOSA（政府安全保障能力強化支援）の創設を閣議決定した。また、防衛産業の「生産基盤強化法」も成立させた。事業継続が困難になった防衛関連企業の生産ラインを国有化することも含め、国を挙げて武器の製造・輸出ができる体制を築く意向だ。

戦後60年にあたる2005年に外務省が発表した「平和国家としての60年の歩み」の中

で、「（我が国は）武器の供給源とならず、武器の売買で利益を得ない」と、平和国家の実績を誇っていたことから考えると隔世の感である。

残された安倍氏の大きな〝遺言〟は憲法改正だ。

「結局、全部やったのは俺だよ」と岸田首相は自身に近い自民党幹部に漏らしたとされる。

「安倍さんのやり残しをやって、自分の手柄にした。憲法改正もやる気だろう。日本維新の会と国民民主党がやりたがっている緊急事態条項の創設に乗るんじゃないか」

首相官邸や自民党からはそんな声が聞こえてくる。

外交とセット論――「軍人」梶山静六の大事な言葉

自民党総裁選に出馬した3人を、田中真紀子衆院議員が「凡人」「軍人」「変人」と評したことがあった。「凡人」は小渕恵三元首相、「変人」は小泉純一郎元首相。そして、「軍人」は梶山静六元自民党幹事長である。

梶山氏は、その政治手法から「武闘派」「剛腕」などの代名詞があり、周辺事態などの有事法制にも積極的だった。しかし一方で、常々「有事法制は外交とセット論だ」と訴えていたという。ジャーナリストの鈴木哲夫氏は番記者として当時、直接、梶山氏本人から話を聞いた。ゲンダイ（2022年5月13日発行）でこう語っている。

「梶山氏は特攻隊の生き残りでした。お兄さんは戦死し、お母さんは三日三晩泣き通しだった。その姿を見て、『もう二度と戦争はやっちゃいかん』と思ったそうです。そしてこう続けました。『政治は時代に応じて現実対応しなきゃならない。安全保障もそうだ。有事法制は必要だ。自衛隊の権限も強めなきゃいけない。でもな、絶対にセットでやらなきゃいけないのは、その法律を行使しないための外交だ。軍備を増強しても、それを使わないという外交をセットでやらなきゃダメなんだ。それが政治だ』。翻って、いまの自民党の議論や提言は、防衛力の強化ばかりです。『行使しなくてもいいための外交論や日本の役割』についての議論が抜け落ちているところに危うさを感じます」

かつて自民党には反戦論者がたくさんいた。太平洋戦争の経験者もいたし、何よりも平和憲法を尊重し、国民生活を豊かにすべく努力してきた。

後藤田正晴官房長官は1987年、米国が機雷除去のために海上自衛隊のペルシャ湾派遣を要請した際、敢然と反対した。中曽根康弘首相は前向きだったが、後藤田氏は「これは戦争になる」「国民にその覚悟があるか」と突っぱねた。

元首相の宮沢喜一氏は、1995年の著書『新・護憲宣言』（朝日新聞社）で〈われわれは、将来に向かって自由の制限につながるかもしれないどんな兆候に対しても、きびしく監視する必要があります〉と書いている。若手大蔵官僚として戦争を知っている宮沢氏は「兆候」の段階で止めないと、取り返しのつかないことになると懸念し、「再び歴史の魔性に引きずられることがないために」と次の世代にこの著書を残した。

しかし、今の自民党はどうだ。

あの田中角栄氏が危惧した通りになってしまっている。一兵卒として従軍経験がある田中氏は、次のような言葉を口にしているのだ。

「戦争を知っている世代が政治の中枢にいるうちは心配ない。平和について議論する必要もない。だが戦争を知らない世代が政治の中枢になった時はとても危ない」

安倍政権、菅政権、特に現在の岸田政権は、集団的自衛権に敵基地攻撃能力の保有と「敵」を想定して防衛費だけはどんどん膨らませているが、日本を取り巻く安全保障環境が厳しさを増している、と言うのであれば、なおさら梶山氏の言葉は重みを増す。

「軍備を増強しても、それを使わないという外交をセットでやらなきゃダメなんだ。それが政治だ」――。

梶山氏の思いを直接受け止めたジャーナリストの鈴木哲夫氏は、今こそ外交とのセット論が重要だと強調する。

「例えば敵基地攻撃の問題は、相手が攻撃の準備をしたらこちらがミサイルを撃つのか、相手が発射してから撃つのか、というタイミングや方法論ではない。そもそも、敵の基地に向けてミサイルを構えるということは、ミサイルの発射ボタンを押す覚悟があるのかどうかということです。発射すれば向こうで人が死ぬかもしれない。逆に向こうからも撃たれて、日本人が犠牲になるかもしれない。そんな凶器を持つ覚悟は私にはできません。ならば、どうするか。こちらも相手もミサイルを使わない、使われないようにするためにできることって外交努力じゃないですか。その知恵を絞ることを、もっと政治家も国民も皆が考えたらどうかと思う。戦争国家になろうとしているわけではないのですから」（同前）

こんな時代に平和外交を説くのはお花畑の議論だと揶揄する向きがある。

あれほど反対の熱気があった違憲の安保法制を、8年経った今、否定する世論はほとんどない。そして、ウクライナ侵攻により、軍備拡大は「仕方ない」として、是とする空気すら広がってきた。

しかし、防衛増強という「抑止力」に過度に頼ることこそお花畑ではないのか。抑止力には際限がない。むしろ必要なのは、有事にならないためにどうするのか、である。

森田実さんからの葉書

「戦後政治の生き証人」と称された政治評論家の森田実氏には、2023年2月に90歳で逝去される直前まで、取材で大変お世話になった。ゲンダイにも数多くの含蓄のあるコメントを残していただいた。

森田氏は東大在学中に全学連幹部として「砂川闘争」や「安保闘争」に加わり、出版社勤務を経て1973年に独立。古今東西の政治・思想史に精通し、格言や逸話を引きながら、政治のあるべき姿を説き続けた。

半世紀にわたる辛口の政治評論は、常に「平和主義」に立脚していた。だからこそ近年は、米国追従を加速させ、軍事一体化を進めた安倍・菅・岸田首相に厳しく、「史上最低の政権」と嘆いていた。

「私が安倍首相を『最悪の首相』と言う理由はおもに3つあります。まず隣国を露骨に批判する姿勢。これは戦争への道を開きかねず、戦後の歴代首相が守ってきた『平和』を踏みにじる行為です。次に、国民の生活向上に逆行する政策を平然と続けていること。そして、最も許せないのが道徳に反する行動です。ごまかしの言葉で大衆をだまし、マスコミのトップや内閣法制局長官に自分の配下の人間を置き、モラルを破壊した。戦後70年、ここまで自己中心的で危険な首相はいませんでした」

（2015年8月17日発行）

「最も古い政治学のテキストであるアリストテレスの倫理学は、〈最高善は政治の領域にある。善こそが政治の目的でなければならない〉としています。つまり、政治は国民大衆の幸福を追求すること、と言っているのです。政治とはそれほど高い理念を求められるものなのに、自民党は大きくかけ離れてしまっている」

（2020年9月12日発行）

「『最も正しい戦争よりも最も不正なる平和を取らん』。古代ローマの政治家キケロの名言です。日本は広島・長崎での悲惨な被爆体験もある。ましてや岸田首相は広島出身です。バイデン・プーチン会談を提唱して平和を求める先頭に立つことこそが日本の役割のはず。

岸田首相や林外相が米国の代理人となってインドや中東を回っていますが、日本の立脚点は一体どこにあるのか」

（2022年3月22日発行）


森田氏に掲載紙を送ると、毎回必ず、丁寧な墨の直筆の葉書が届いた。

「ゲンダイの出番がきた感じがしています」

「今こそ、真の批判精神が必要な時です」

コメント掲載へのお礼の言葉とともに、ゲンダイを鼓舞してもくれた。

「今の日本は先の大戦前夜と酷似した危ういムードに包まれています」

これが、2023年元日付のゲンダイ「新春特別号」に掲載された森田実氏の最後のコメントだった。

第3章　破壊された民主主義の根幹——権力私物化の果てに

首相主催の公的行事「桜を見る会」であいさつ。この翌年からは開催されていない＝2019年４月13日、東京・新宿御苑

銃撃の2日後、赤木雅子さんとの電話

「亡くなる前日に、安倍さんに会って手紙を渡したんです」

赤木雅子さんから連絡をもらったのは、安倍晋三氏が銃撃された2日後だった。

雅子さんは、森友学園問題で財務省の上層部から指示された公文書改ざんに苦しみ、自ら命を絶った近畿財務局職員、赤木俊夫さん（享年54）の妻。取材を通じて私は交流がある。

雅子さんとは銃撃当日の夜にも電話で話していた。突然のことで、衝撃は大きかった。

「こんなことが起きるなんて」と少し動揺した様子で、2、3分短く会話して終わっていた。

2日後は別件で連絡をもらい、その会話の流れで、「安倍さんに会った」という話を聞いた。その日の電話口の雅子さんは落ち着いていた。

「参院選の応援で安倍さんが三宮（神戸市）に来られて。たまたま当日の昼に三宮を通りがかった時に、その日の夕方に来られるのを知り、喫茶店で手紙を書いて持っていったんです」

「でも、1000人ぐらいが集まっていて、とても手紙を渡せるような状況ではなくて。もういいや、と諦めていたら、演説を終わられた安倍さんが聴衆の中に入ってグータッチを始めた。そして、偶然こっちに近づいてきたので、私も安倍さんとグータッチをして、『手紙を書いてきました』と言ったら、安倍さんは『えー、手紙』って大きな声を出して。SPの人が受け取ります、と」

「手紙には『私はこういうものです。再調査をして下さい』とだけ書きました。SPの人が中を見たら赤木雅子だとわかるので、安倍さんには伝わらなかったかもしれませんが……。そうしたら翌日……。手の温かみを感じたばかりの人が……。本当に驚きました」

雅子さんは、夫がなぜ自ら命を絶たなければならなくなってしまったのか、公文書の改ざんは誰の命令だったのか、「真実が知りたい」と裁判を起こして戦っている。

「真実」は当事者である安倍氏が存命の時に明らかにされるべきだった。

偶然が重なり、雅子さんが手紙を渡せたのはよかった。でも……。

「残念です。もう再調査できないというか、再調査をして下さいと訴える相手が1人いなくなってしまいました。国会で『私や妻が関係していたら総理大臣も議員も辞める』とおっしゃったことがきっかけで財務省の公文書改ざんが始まったのは間違いないと思うので、その原因を作った当事者がこの世からいなくなるのは残念です」

俊夫さんの苦悩、雅子さんの無念

私が赤木雅子さんと初めて会ったのは、夫・俊夫さんの自死の真相解明を目指して国と佐川宣寿《のぶひさ》元財務省理財局長を提訴した民事裁判が始まった頃の2020年夏だった。

その年の3月に俊夫さんの残した遺書と財務省による改ざんを告発する手記をスクープしたジャーナリスト・相澤冬樹氏が、ゲンダイで雅子さんの「法廷闘争記」をスタートさせていたこともあり、直接会って、インタビューをする機会を得た。

雅子さんは名前こそ実名で取材に応じているが、顔出しはNG。初めて会った際の印象は、「こんな華奢《きゃしゃ》な女性が1人で国を相手に戦うのか」という感慨と同時に、雅子さんの語る言葉が自然体かつ当たり前の庶民感覚から発せられるものばかりで、国家やエリート官僚機構という巨大権力との対比をより感じさせ、強い怒りが込み上げてきた。救われたのは、雅子さんが「キャッ、キャッ」と声を出して笑うようなとても明るくユーモアのある女性だったことだ。

「私の趣味は赤木俊夫」と公言するほど、雅子さん夫婦は仲がよかった。あんな不幸がなければ、今も当たり前に2人で幸せに暮らしていただろう。財務省職員は誰一人、起訴されることはなかったが、公文書改ざんは犯罪行為だ。公務員として絶対にやってはならないし、マトモな感覚ならやらない。だから、俊夫さんは苦しんだ。

「近所の方に『僕の雇用主は国民です。国民のために誇りを持って働いています』ということを恥ずかしげもなく表現する人でした」

インタビュー時に雅子さんは、俊夫さんが肌身離さず持っていた「国家公務員倫理カード」を見せてくれた。クレジットカード大の大きさで、ずっと持ち歩いていたからシワができ、文字や色もかすれていた。

カードには「倫理行動規準セルフチェック」として5つの項目が書かれている。

- 国民全体の奉仕者であることを自覚し、公正に職務を執行していますか?
- 職務や地位を私的利益のために用いていませんか?
- 国民の疑惑や不信を招くような行為をしていませんか?
- 公共の利益の増進を目指し、全力を挙げて職務に取り組んでいますか?
- 勤務時間外でも、公務の信用への影響を認識して行動していますか?

雅子さんがインタビューで吐露したのは、安倍首相、麻生太郎財務相、佐川元理財局長そして財務省の面々は「どこを向いて仕事をしているのか」という疑問だった。働いていた大学生協で商品のポップにイラストをつけていたほど似顔絵が上手な雅子さんが描いた安倍氏ら3人には、「黒目」がなかった。どこを向いているのかわからないからだ。

中でも、財務省の組織の論理と保身は異様だった。雇用主は国民ではないのか？ どこを向いて、誰のために働いているのか？ 雅子さんの話を聞けば聞くほど、「財務省職員よ。もう一度、倫理カードを読み返せ」と叫びたくなった。

2020年8月13日発行のゲンダイからインタビューを一部抜粋する。

——俊夫さんのお葬式で近畿財務局の人たちが記帳しなかった、というのにも驚きました。

義理の姉から「雅子ちゃん、おかしいよ。記帳してくれなかったのよ」って言われて、「えーっ」となって。以前所属していた中国財務局は、来てくれた代表の人が住所も書いた名簿を渡して下さったんですけど、近畿財務局は誰ひとり記帳もせず。跡を残したくなかったんじゃないかと思います。

——酷い組織ですね。本（『私は真実が知りたい』（文藝春秋）相澤冬樹氏との共著）でも、「嫉妬深い男社会」「男ってつまらんな」って。

財務局の人が家に来て、帰られた後、「私は生まれ変わっても絶対に女に生まれたい」というのが一番の感想だったんです。なんか、へこへこしていてつまらない、って。

——へこへこ。どういう状況ですか？

（近畿財務局の）局長がお付きの人2、3人と共にやって来て、「赤木君はこういう人だった」って褒めてくれるんですけど、お付きの人が首を上下に振るんですよ。特に一番首を振る人は、しゃべる時に私ではなく、局長を見てしゃべるわけです。何しに来たんやろって思うくらい。そして、局長が「麻生さんのお墓参りを断ったそうだね」「うん、よしよし」ってことを言われて。

——うん、よしよし？

私が黙ってて意思を出さないから、「それでいいんだよ。それなら公務災害を認めてあげるからね」っていう空気をバンバン出してました。まさか私が裁判をするなんて想像もしていなかったと思います。

――自死した遺族に、そんな対応なんですか。

どこまでも組織の一員として扱われるんです。「あなたはこのランク」と、家族も組織の中の夫のいる場所に入れられる。

請求を受け入れて「臭いものにフタ」

亡くなる前の俊夫さんは、「これは戦争と同じで、上司に指示されれば、白いものを黒と言わなきゃいけない」とまで言うほど追い詰められていたという。犯罪行為に対しては、民間企業以上に清廉潔白であるはずの官僚組織のモラルが、なぜそこまで堕ちてしまったのか。

安倍政権時に「内閣人事局」ができたことなどで官邸主導の恐怖人事が行われ、イエスマン官僚や忖度が広がった。官僚は「何が正しいか」ではなく、安倍首相にとって「何が都合がいいか」を探し、政権にシッポを振るようになっていったのだ。

赤木雅子さんの裁判は、2021年12月、国側が突如「認諾」を申し出て、強制的に終わらせた。原告の請求を丸ごと認めて賠償金を支払い、裁判を終結させたのである。

いよいよ関係者が証人として呼ばれる可能性が――という段階だったのに、国側はそこから逃げ、幕引きを図った。

「認諾」された翌日、雅子さんは夫・俊夫さんにこう報告したと私に話した。

「謝りました。ごめんね、としか言えなくて。ごめんね、こんな結果にしてしまいました、と伝えました」

雅子さん側は、国の認諾を警戒して請求金額を1億1000万円余りにまで引き上げていたが、それでも国側は認諾した。雅子さんが欲しいのは巨額の賠償金ではない。訴訟という形を取るうえで、損害賠償の請求が必要なので金額を設定しただけで、欲しいのは真実を知ることだけだ。

国側には、1億円超を支払ってでも法廷で明らかにされたくない、何かやましい、不都合な事情があるわけだ。国側の最高責任者である岸田文雄首相が安倍氏に配慮し、臭いものにフタをした。

言うまでもなく、国側が支払う1億円は税金だ。真実を〝隠蔽〟するために通常の国家賠償では考えられないほどの額を支払うのは、国民の納得を得られるものではないし、筋が通らない。

残る佐川宣寿氏との裁判は一審で雅子さん側の訴えが棄却された後、23年9月13日、控訴審が結審した。被告の佐川氏本人は一度たりとも出廷していない。それどころか、「再就職のために裁判を早く終わらせたい」と代理人が主張する図々しさで、雅子さんの心を傷つけてもいる。赤木俊夫さんの死に対する懺悔や後悔の気持ちはないのだろうか。

佐川氏は何のために改ざんを指示したのか。いまだ真実は藪の中だ。

『回顧録』でわかった安倍氏の「厚顔無恥」

安倍氏が国会で、森友学園への国有地の売却交渉について「私や妻が関係していたら総理大臣も議員も辞める」と答弁したことが、財務省の公文書改ざんに影響しただろうことは、状況証拠から推測すれば間違いない。

改ざんの指示を出した中心人物の佐川氏は、自業自得とはいえ、国税庁長官を最後に2018年3月に退職して以降、再就職できず、天下りできていない。

一方で、そこまでして財務省が守った安倍氏は、『安倍晋三　回顧録』で、財務省への敵意を剥き出しにしていたから驚いた。

〈彼らは省益のためなら政権を倒すことも辞さない〉などと言い放ち、森友問題について〈私の足を掬うための財務省の策略の可能性がゼロではない〉〈密かに疑っている〉とまで語っているのだ。

財務省の職員1人が命を絶ってしまった問題の大きさを顧みることなく、責任のすべてを財務省に押しつける厚かましさ。

何より、赤木俊夫さんや雅子さんへの謝罪の言葉はもちろんのこと、お悔やみの言葉すらない。

よくもまあ、こんな厚顔無恥が憲政史上最長の総理大臣だったものだ。

安倍氏の妻の昭恵氏が、森友学園が設立しようとした小学校の名誉校長を引き受けていたのはまぎれもない事実だ。そして、8億円もの値引きで売却された小学校予定地の国有地について、昭恵氏が「いい土地ですから前に進めて下さい」と語ったという話が近畿財務局の文書に記されている（改ざんにより削除）。

少なくとも「妻は関係している」と考えて官邸や財務省が慌てたから、公文書を改ざんして〝なかったこと〟にしたのではないのか。

いや、たとえ「私も妻も関係していない」としても、「関係していたら総理大臣も議員も辞める」という発言が、どれほど官僚に重圧を与え、組織防衛に走らせ、組織ぐるみの証拠隠滅へと突き動かしたことか。そういう想像力が働かない時点で安倍氏はリーダー失格だろう。

だが、安倍氏は自分に何らかの瑕疵《かし》があるとは露ほども思っていない。むしろ巻き込まれて迷惑だとすら考えていたのではないかと思わせるくだりが、『安倍晋三 回顧録』にある。

〈この当時、官僚の不祥事が起きると、「官邸一強の弊害だ、おごりだ」とか、「官僚が私に忖度したんじゃないか」と言われました。でも、仮に官僚が忖度していたとしても、忖度される側の私は、分からないでしょう〉

自分も妻も一切無関係でかつ、自分の足を掬うための財務省の画策と考えるほど財務省を敵視していたのなら、渦中にある時に徹底調査を指示すればよかったのではないか。

「公文書改ざんで財務省が関係職員を処分した際、麻生氏も辞意を漏らしたが、安倍氏が引き留めた」（安倍官邸にいた官僚）

麻生財務相が監督責任を負って辞任するのが当然だった。それだけじゃ済まない。公文書は民主主義の根幹だ。民主主義を破壊した責任を取って、安倍内閣は総辞職すべきだった。

「モリ・カケ・桜」――牢屋に入らなければ何をしてもいい

2018年6月4日に公表された「森友学園案件に係る決裁文書の改ざん等に関する調査報告書」には、安倍首相に関することが一切出てこない。そのため、毎度の〝お手盛り〟調査の域は出ないが、改ざんの背景として挙げられている表向きの理由だけを見ても、安倍政権時の財務省がいかに国権の最高機関である国会を愚弄していたかがわかる。報告書には「国会審議の紛糾を回避する目的」とあるのだ。

紛糾を避けるためなら、公文書だろうが都合よく書き換える。改ざんは実に、決裁文書14件、約300カ所にも及んだ。

衆議院事務局に30年余り勤め議会政治の生き字引と呼ばれる元参院議員の平野貞夫氏は、ゲンダイ（2020年3月20日発行）で安倍政権の本質についてこう語っている。

「明らかになったのは官僚の忖度ではない。憲法や国家の統治原理を破壊する安倍政権の姿です。嘘をつかない、公文書を改ざんしないは民主主義国家として当たり前ですが、安倍政権は違う。『牢屋に入らなければ何をしてもいい』という考え方なのです」

この「牢屋に入らなければ何をしてもいい」という恐るべきモラルダウンが隅々にまで蔓延したのが安倍政権の特徴だった。「森羅万象を担当」と言い放つ全能感あふれる首相によって権力が私物化され、行政が歪められてしまった。不利益は国民へ直結する。

代表例が「モリ・カケ・桜」だ。

森友問題以降、次々に露呈した。

「カケ」は前に触れた加計学園問題。国家戦略特区制度で17年1月に新設が認められた加計学園グループの岡山理科大学の獣医学部をめぐって、特別な便宜が図られたのではないか、という疑惑だ。加計学園の加計孝太郎理事長は安倍氏が「30年来の友人」「腹心の友」と呼ぶ人物だった。

この疑惑は非常にわかりやすい。

獣医学部の新設が悲願だった加計学園は、小泉純一郎政権が始めた構造改革特区に15回も申請したが、ことごとく却下されてきた。ところが、腹心の友である安倍首相が政権に就くと、新設が認められ、しかも37億円相当の公有地が無償で提供される。獣医学部が新設されるのは、52年ぶりのことだった。

文部科学省からは「総理のご意向」と書かれた文書が見つかっている。当時、文科事務次官だった前川喜平氏は、安倍官邸の和泉洋人首相補佐官が「キーパーソン」だとしたうえで、「総理は自分の口から言えないから自分が言う」と獣医学部新設で対応を促されたと重ねて証言した。

大学設置先の愛媛県にも柳瀬唯夫首相秘書官が「本件は首相案件」と発言したことが記載された面談記録が残されていた。

和泉氏や柳瀬氏はじめ関係者はことごとく「加計ありき」を否定したが、「記憶にない」「覚えていない」などと発言し、難クセをつけて事実解明から逃れただけで、疑惑は払拭できないままあやふやになった。

安倍氏自身の関与についても文書の存在が発覚した。安倍首相は獣医学部設置の計画を、特区事業に選定された17年1月に初めて知ったと主張したが、愛媛県作成の文書には、それより2年も前の15年2月に首相が加計氏から計画の説明を受けたと記されていた。これについて加計学園は「当時の事務局長が県に対して虚偽の発言をした」と驚きの調査結果を出して疑惑にフタをしたが、とうてい納得できる説明ではなかった。

2017年11月13日発行のゲンダイ1面の書き出しはこんな感じだ。

〈誰が見ても黒　加計疑惑に終わりなし〉

〽はぁー文書がねぇ！　調べてねぇ！　記憶もそれほど残ってねぇ！　支持率ねぇ！　問題ねぇ！　おんなじ答弁ぐーるぐる！　おらぁこんな政治嫌だぁ

文科省の大学設置・学校法人審議会（設置審）が、林芳正文科相に来年4月の開学認可を答申した加計学園（岡山理科大）の獣医学部新設をめぐり、同省内では歌手・吉幾三の80年代のヒット曲「俺ら東京さ行ぐだ」のメロディーに乗せたこんな替え歌が密かに口ずさまれているという。一部の良識ある文科官僚にとって何から何までムチャクチャな加計問題は、もはや怒りや呆れを通り越して「喜劇的」と映っているらしい。そりゃあそうだ。国会で追及された疑惑は何一つ解決されていないにもかかわらず、アッサリと認可答申である。

安倍首相の〝お友達〟という理由で「オールＯＫ」なのであれば、法律も国会も官僚もいらない。法治国家でも民主主義国家でもない。独裁国家の北朝鮮と同じで、笑うしかないというのが本音だろう。

「加計ありき」を告発した元文科次官の前川喜平氏は、「出会い系バーに出入り」というスキャンダル記事を読売新聞に書かれた。安倍政権の「意に沿わぬ者に対しては手段を選ばない」恐ろしさとえげつなさが露わになった形だったが、その後、２０２０年2月26日発行のゲンダイのインタビューで前川氏は当時について、こう語っている。

「文科省を辞めて1カ月ほど経った17年3月ごろ、杉田（和博官房）副長官から携帯に電話がかかってきたんです。『君の例の新宿のバー通いを週刊誌が書こうとしているから気をつけたまえ』と。その頃、僕は加計問題でＮＨＫなどのメディアと接触していた。それが官邸に伝わって余計な真似をすると書かせるぞ、とクギを刺すつもりだったのか。そう想像するわけです」

「和泉補佐官は切れ者ですよ。謀略家と言ってもいい。この7年間、政権にダメージを与えそうな厄介事をうまく解決している。上に立つ人からすると、使える人間。白紙に戻った国立競技場建設をめぐり、建築家の隈研吾さんと大成建設でまとめたのも和泉補佐官。上の意向を踏まえ、形にする能力に非常にたけている。構造改革特区で15回もはねられた加計学園の獣医学部新設を、国家戦略特区で実現する知恵を出したのは和泉補佐官だと思います」

安倍氏自身は『安倍晋三　回顧録』で加計学園問題について、「(加計氏が）親友ならば、獣医学部新設の話もしているのではないかと誰もが疑います」との問いに、次のように答えている。

〈加計さんは、迷惑になると思って私に話さなかったのかもしれませんね。実際には何の話も出ていなかったのですが、もし頼まれていたら、もっと早く獣医学部ができていたと言えるかもしれませんよ〉

語るに落ちるとはこのことだ。実際にやったのかどうかは別としても、お友達に便宜を図ることへの慎みは感じられない。

「この首相、息吐くように嘘をつき」

安倍氏の一連の「行政の私物化」でとりわけ悪質なのが、首相主催の「桜を見る会」をめぐる問題だ。この問題では行政を歪めただけでなく、国会での118回にもわたる虚偽答弁が認定されている。行政府の長なのに「私は立法府の長」と言って憚《はばか》らない首相が、国会の機能を破壊したのである。

2019年に問題が表面化した「桜を見る会」は、参加者と予算が年々増加し、安倍首相の地元後援会の会員らが多数招かれていた実態が「公的行事の私物化」と批判された。疑惑解明の鍵となる招待者名簿は、内閣府が廃棄。それも、野党議員が質問を通知した当日にシュレッダーにかけられていることから、意図的に廃棄した疑いが濃厚だ。政府は当初、「ルールに基づき適切に保存・廃棄した」と説明していたが、後に公文書管理法に違反していたと認めている。

反社会的勢力が招待されていたことも明らかになり、デタラメの限りを尽くした政権の末期を象徴するような腐臭まみれの事態となった。

問われたのは大きく2つの疑惑だった。

「桜を見る会」の招待客は〈国会議員、都道府県知事、議長をはじめ、各界において功績・功労のあった方々〉と規定されているにもかかわらず、安倍首相や自民党議員の支援者が目立ち、それぞれが自分の後援会活動に利用していたのではないかという「公金私物化・買収疑惑」。全体の招待客約1万8000人のうち、安倍首相の後援会から800人以上もが招かれ、安倍事務所が参加申込書を支援者にコピーさせ、その知人・友人らを募集していた。安倍首相は国会で、「募っているが、募集はしていない」と珍答弁して墓穴を掘った。

もうひとつは、「桜を見る会」の前夜祭として安倍後援会によるパーティーが毎回、都内のホテルで開かれているのに、政治資金収支報告書に一切の記載がない「首相自身による公選法、政治資金規正法違反疑惑」だ。こちらについては、高級ホテルでの前夜祭が会費5000円という破格の安さだった裏で、差額分を安倍事務所が補塡していたとして、政治資金規正法違反（収支報告書への不記載）の罪で安倍氏の公設第1秘書が東京地検特捜部に略式起訴された。だが検察は、安倍氏については嫌疑不十分で不起訴にした。

すでに首相を退陣していた安倍氏は、秘書の略式起訴で捜査が終結した日に議員会館で記者会見を開いた。その翌日（2020年12月25日発行）のゲンダイ1面はこんな書き出しだ。

〈ペテン師がペテン弁明の国民愚弄〉

「国民がバカにされている。嘘をついてもどうせ忘れるだろうと。絶対許してはいけない」

安倍前首相の後援会が「桜を見る会」前日に主催した夕食会の費用を補填していた問題で、きのう（24日）、東京地検特捜部が、安倍の公設第1秘書を政治資金規正法違反（不記載）の罪で略式起訴し、罰金100万円の略式命令が下った。検察は、安倍本人については嫌疑不十分で不起訴にした。冒頭の発言は、安倍らを刑事告発していた弁護士の憤りの言葉だ。まさにこの問題の本質を突いている。

安倍本人を聴取はしたものの、強制捜査で事務所にガサ入れすることもなく、さっさと安倍を不問にした情けない検察。それをいいことに舌を出してトンズラしようとするペテン師。彼らへの怒りは、ツイッターで「#安倍晋三の不起訴処分に抗議します」のハッシュタグが一気に拡散されるほど、大きく広がっている。

国民愚弄は捜査結果にとどまらない。きのう安倍が行った記者会見も酷かった。この期に及んでよくもまあぬけぬけと、子供だましの言い訳を重ねられるものだ。検察はこんなものを信用したのか。

「私が知らない中で行われたこととはいえ、道義的な責任を感じています」

「事務所に幾度も確認し、知る限りの答弁をしたつもりだったが、結果として事実に反するものがあった」

全ては秘書が勝手にやったことだから「知らなかった」と言い張る。800人もの参加者が直接ホテルと契約して5000円の会費を払うなんて不自然な処理だと思わなかったのかと問われても、「私はそう理解していた」。なぜホテルに直接確認しなかったのかは、「秘書を信じていたので、ホテルに確認するなど考えられなかった」。で、「私の政治責任は重い」と言うくせに、議員辞職することなく、「初心に立ち返って、研鑽を重ね、責任を果たしていきたい」とヌカすのだからア然である。

高千穂大教授の五野井郁夫氏（国際政治学）が言う。

「責任を感じているのなら辞職すべきでしょう。秘書に罪を押し付けて、自分は『これから再出発』なんて他人事のようなことを言う。あの神経には驚くし、国民をナメていますよ。安倍氏は、秘書が事務所を辞めたと明かしましたが、秘書を辞職させることが責任の取り方なのか。一方で、『辞めた公設秘書が私設秘書になることはあるのか』という質問には答えなかった。罪をかぶってくれたから今後も面倒を見るということなのか。勝手に不正を働いた秘書なのだから、もっと怒っていいはずでしょう。全てが茶番です」

実際、その後、辞めたはずの公設秘書が安倍氏の地元の山口県下関市の事務所で私設秘書として働き続けていたことを、「しんぶん赤旗」（2021年4月4日号）がスクープしている。

刑事責任は問われずとも、前述のように首相が虚偽答弁を繰り返し、国会を愚弄した罪は重大だ。「結果として事実に反するものがあった」では済まされない。

立憲民主党の要請を受けた衆議院調査局の調べによれば、安倍首相は「桜を見る会」前夜祭の問題に関し、2019年11月から20年3月の衆参本会議や委員会で少なくとも118回の虚偽答弁をしていたことが判明している。夕食会の収入と支出に関して「事務所は関与していない」の類いが70回、夕食会を開いたホテルの「明細書はない」が20回、「差額は補塡していない」が28回だ。これらすべて事実とは異なっていた。息を吐くように嘘を重ねる。こんな首相は前代未聞だ。

国会軽視は国民軽視

トップの首相が国権の最高機関の場でも平気で嘘をつくのだから、下で働く官僚たちの倫理観や常識が麻痺していったのは「必然」と言えるのではないか。公文書の扱いのズサンさは、隠蔽や捏造も頻発させた。

２０１６年から18年にかけて、アフリカの南スーダンにＰＫＯで派遣された自衛隊やイラク派遣の自衛隊の日報について、その存在が隠蔽された問題は、当初「ない」とされていた日報が、国会で追及を受けるとごっそり出てくる、といういい加減な対応を防衛省は繰り返した。

18年には「働き方改革」で打ち出していた裁量労働制の拡大について、厚労省がデータを都合よく操作して、法改正の流れを作ろうとしていた。裁量労働制の労働者が一般の労働者より残業時間が少ないという嘘の実態を作り上げていたわけで、政府は「わざとではない」と強弁したが、データの「捏造」だった。嘘をついて法改正なんて許されるわけがない。国会は大紛糾し、結局、「定額働かせ放題」と批判された裁量労働制の拡大は、働き方改革関連法案から削除された。

18年末～19年1月に発覚した厚労省の「毎月勤労統計」をめぐる不正もひどいものだ。本来、全数調査を行わなければならないものを、長年、抽出調査で済ませていたというのがそもそもの問題だが、そこから派生した疑惑も噴出。ちょうど安倍首相が３％賃上げの「官製春闘」に血眼になっているタイミングで、平均給与の額が低めに出てしまうのを〝補正〟していた可能性があるのだ。さらに、「毎月勤労統計」の調査対象となる事業所を入れ替えるにあたって、事前に首相秘書官が厚労省に「問題意識」を伝えていたことも明らかになった。厚労省が組織ぐるみで不正調査を隠蔽していた疑惑から、官邸主導のアベノミクス偽装だった疑いに発展した。

とにかく安倍政権は、国会の存在を軽視した。

小学校の授業で習ったはずだ。国民主権の日本では、国会議員は主権者国民に選ばれた国民の代表である。国会を軽視することはイコール国民を軽視していることになるのだ。安倍氏にはそうした当たり前の感覚が欠如していたのではないかと言わざるを得ない。

幼少期の安倍氏についても取材し、その性格も熟知している前出の政治評論家、野上忠興氏に話を聞くとこう言った。

「安倍首相にとって国会は単なる通過機関でしかないのでしょう。安倍首相の『私が最高責任者』『私が立法府の長』という発言が全てを物語っていますよ。『選挙で多数を獲得し、国民の負託を受けた最高責任者である自分が決めたことなのだから、何か文句あるのか』という考えなのです。議会制民主主義や三権分立を尊重する姿勢はありませんし、安倍首相にそれを求めても無理なのかもしれません」

国会の委員会の場で自席から野党議員に対して「日教組」とか「早く質問しろよ」とヤジを飛ばし、謝罪までさせられたのに、安倍首相はその後も懲《こ》りずにヤジを飛ばし続けた。

それどころか、憲法53条に基づいた手続きで野党が臨時国会の召集を要求しても放置し続けた。3カ月以上経って、ようやく国会召集に応じたと思ったら、召集日当日に衆議院を解散した。「国難突破解散」と銘打って、その実は「モリカケ疑惑隠し」で総選挙に踏み切るという暴挙だった。

国会軽視を超え、国会無視とも言えるのが、閣議決定で解釈変更して既成事実化したうえでの法改正という手法である。

代表例は、前述した憲法9条に違反する「集団的自衛権」の行使容認とそれを明記した安保法制の制定だ。内閣法制局長官を自分の意に沿う人物に差し替えたうえで、「違憲」から「合憲」へと憲法解釈を変更しての閣議決定だった。

憲法改正を発議するためには、衆参両院の総議員の3分の2以上の賛成が必要だ。第2次政権で首相に就いた当初、前述したように安倍氏はこの規定を定めた憲法96条の改正に動いた。しかし、それが難しいと判断し、解釈変更による改憲に変更したのだ。

もうひとつ。〝官邸の守護神〟と呼ばれた黒川弘務東京高検検事長を検事総長に昇格させるための法改正を勝手な解釈変更で強行しようとしたことも、安倍政権末期の独裁的な横暴政治の象徴だった。抗議のツイッターデモが700万件を超える巨大なうねりになったうえ、当事者の黒川氏が自業自得の「賭けマージャン」のスキャンダル報道で辞職し、あえなく失敗したが、「週刊文春」のスクープがなく、あのまま黒川氏が検事総長に上り詰めていたとしたら、と考えると背筋が寒くなる。

法案は廃案となったものの、その手法は法治国家とはとても呼べないものだった。

検察庁法は検事総長のみ定年が65歳で、その他の検事は63歳と定めている。ところが、安倍政権は63歳の誕生日を迎えた黒川氏を半年間定年延長させる閣議決定を行い、次の検事総長に就ける道筋を作ったのだ。

閣議決定の根拠は国家公務員法の定年延長規定だった。だが、1981年に人事院が「検察官には国家公務員法の定年制は適用されない」と答弁していたことを野党の山尾志桜里衆院議員が見つけ出す。すると、安倍首相は衆院本会議で「今般、（検察官にも）国家公務員法の規定が適用されると解釈することにした」と驚くべき答弁を繰り出した。恣意的な法解釈を明らかにし、これを既定路線とするために後付けで検察庁法を改正しようとしたのである。

検察庁は行政組織の一部だが、逮捕・起訴権を有する「準司法機関」でもある。だからこそ、政治的中立性が求められ、国家公務員法とは別に検察庁法という「特別法」で規律することになっている。安倍首相は、「行政府の長」と「立法府の長」を手にしただけでは飽き足らず、「司法」まで自身の配下に置こうとしたのだ。

これにはさすがに法曹界も猛反発した。2020年5月18日発行のゲンダイは1面でこう報じた。

〈朕は国家　安倍首相を引きずり降ろす決起が必要〉

検察庁法改正案に反対する世論の大きなうねりに、法曹界も動きだした。田中角栄元首相を逮捕・起訴したロッキード事件を担当した松尾邦弘元検事総長ら、大物検察ＯＢ14人が森まさこ法相宛てに反対意見書を提出。日弁連をはじめ、全国の40を超える弁護士会も会長声明で反対を表明している。（中略）
安倍首相主催の「桜を見る会」をめぐり、全国の弁護士や法学者５００人以上が告発人となり、東京地検特捜部に安倍と後援会幹部の計３人の告発状を提出する動きもある。桜を見る会の「前夜祭」と称し、ホテルニューオータニで開催した夕食会で、参加した有権者に飲食代を提供した公選法違反（寄付行為）などの疑いだ。支援者にタダ同然で国有地を売却し、財務省による公文書隠蔽・改ざんを招いた森友学園疑惑。国家戦略特区を利用し、〝腹心の友〟に獣医学部新設の便宜を図った加計学園疑惑。安倍は少なくとも3回は逮捕されてもおかしくない疑惑を抱えている。その張本人が法解釈を変更し、〝官邸の守護神〟の定年延長を閣議決定。それを正当化するため、後付けで検察庁法改正に突き進んでいるのは明々白々だ。

検察OBの意見書は、安倍の姑息なやり方を完膚なきまでに論破している。検察庁法の精神と位置づけ、一般法と特別法の関係などを丁寧に説明し、黒川氏の定年延長の違法性や属人的判断のおかしさを指摘。「従来の解釈を変更することにした」と言い放った安倍の国会答弁をこう皮肉った。

〈これは、本来国会の権限である法律改正の手続きを経ずに内閣による解釈だけで法律の解釈運用を変更したという宣言であって、フランスの絶対王政を確立し君臨したルイ14世の言葉として伝えられる「朕は国家である」との中世の亡霊のような言葉を彷彿とさせるような姿勢であり、近代国家の基本理念である三権分立主義の否定にもつながりかねない

危険性を含んでいる〉

束ね法案、強行採決を乱発

国会を軽視する安倍政権が、与野党で対立するのが確実な重要法案を提出しなければならなくなった時に多用したのが、「束ね法案」という手法だ。いくつもの関連法案を1本に束ねて一括法案として提出するもので、安倍政権でその割合が提出法案全体の3割を超えるまでに激増した。

その理由は、政権与党にとって都合がいいからだ。

複数の法案が1本に束ねられているため、個別の法案の審議時間が短くなるうえ、議論が多岐にわたって分散し、論点がぼやける。野党にとっては、束ねられた法案の中に賛成のものと反対のものが混在していた場合、賛否の態度を決めるのが難しくなる。最終的に反対しづらくなったり、逆に賛成できる法案にも反対せざるを得なくなったりする。

前述した安保関連法の平和安全法制整備法は実に10本もの法律が束ねられていた。国会前で反対デモのうねりが高まり、野党の怒号が飛び交う中で、衆議院の特別委員会は強行採決。委員長だった自民党の浜田靖一衆院議員でさえ、

「もっと丁寧にすべきだとの批判もあった。わかりやすくするためにも法律を10本も束ねたのはいかがなものか」

と政府に苦言を呈したのだが、安倍首相は聞く耳を持っていなかった。

黒川弘務東京高検検事長を検事総長に昇格させることを目論んだ、前述の検察庁法改正案はさらに露骨だった。

検察庁法改正案は検察官の定年を政府の判断で延長できるようにするもので、この時もセットで10本の法改正案が束ねられたのだが、政府は〝意図を持って〟国家公務員の定年を延長する改正案や公務員の給与や退職手当を改正する法案も一緒にしたのだ。これには自民党内からも「立憲民主党の支援団体は自治労。公務員の定年延長には賛成したいだろうから、最後は一括法案に反対しにくい。抱き合わせ商法だ」(国会対策関係議員)という指摘があった。

立憲民主党の枝野幸男代表は、こう言って束ね法案としたことを批判した。

「そもそも内閣委員会で束ね法案でやっていることがおかしい。一般の公務員と検察官と人事法体系が違うのだから、検察庁法の改正は法務委員会でやるべきものを、束ね法案にしているという、むちゃくちゃなやり方で始まっている。与野党の合意もできないことを強引に進めることについては、政府は軽く見ているんだな、と思わざるを得ない」

とどのつまり、安倍氏は「民主主義」をはき違えていた。

「どこかの段階で決めるべき時は決めていく。これが民主主義の原則だ」

国会答弁で幾度となくこうした見解を示しながら、強行採決を乱発した。

しかし、本来、民主主義は単なる多数決の論理ではない。多数決は、最終的な結論を出す時のやむを得ない最終手段であって、民主主義の本質は議論をすることだ。だから少数意見にも耳を傾ける。少数意見も尊重される。議論を重ねていく中で、多数の意見が少数意見によって修正されることもある。少数意見が取り入れられなくとも、熟議の末の多数決ならば少数派も納得する。

ところが、安倍氏はできる限り国会を開かず、予算委員会への出席を避け、野党の質問に真正面から真摯に答弁することなく、異なる意見には耳を塞ぎ、「数の力」さえあれば何でもねじ伏せられる、という驕《おご》り高ぶった態度が目に余った。それは政権の長期化と比例するようにエスカレートしていった。

2018年12月8日発行のゲンダイ1面は、安倍政権が7年目に入るのを前に、強行採決があまりに多いことを批判している。

〈嘘とゴマカシ、揚げ句の横暴　すべてが悪法だから強行採決〉

第2次安倍政権になってからの6年を振り返れば、この政権に、果たしてマトモな国会運営が一度としてあったのか。これほど強行採決を量産した政権がかつてあっただろうか。

最初は2013年の「社会保障プログラム法」だった。民主党政権下の3党合意で決まった「税と社会保障の一体改革」として、消費増税とセットで社会保障の充実が図られるはずが、自公政権に交代すると一転、社会保障を削減したアレである。同年には「特定秘密保護法」も強行採決した。

15年には「改正派遣法」を強行。当時、民主党だった山井和則衆院議員は「労働者の命に関わることは労使合意の上でやってきた。労働法案の強行採決は、国会史上初の暴挙」と猛批判していたが、過去の自民党政権が慎みを持ってきた領域にまで強引に突き進んだのがこの時だった。

そして15年といえば平和憲法破壊の「安保法」だ。かつてないほど大勢の国民が国会前に連日集結し、戦争ができる国につくりかえられることに徹底的に抗議した。それでも安倍は容赦なく、強行採決に踏み切った。

16年は、農業や医療などの崩壊を招く「TPP関連法」を強行。この頃には、審議が始まる前から大臣や与党議員が強行採決の可能性を公然と口にするほど、強行採決は〝当たり前〟の風景となってしまった。この年には、「年金カット法」も強行成立。17年には「改正介護保険法」と「共謀罪」だ。安倍政権は共謀罪を成立させるにあたって、委員会採決を省略する「中間報告」という奇策にまで手を付けた。

今年は、別名・過労死促進法と猛批判された「働き方改革法」に始まり、「カジノ実施法」「参院定数6増法」を通常国会で強行。今臨時国会では移民法を含む3法案である。

こうして見てくると、6年間で、強行採決が加速度的に増加しているのがよく分かる。

「かつて55年体制といわれた時代は、与党の自民党と野党の社会党が表では拳を振り上げつつも、水面下で妥協点を探る政治が行われ、偽りの緊張関係ではありました。しかしそれでも、与党は野党の意見を取り入れながら法案を修正したものです。与党には、少数野党とはいえ、国民の代表を全く無視してはいけないという良識もありました。三角大福中のように次の総理総裁を狙う人材が列をなしていたことも大きいでしょうね。今は、ポスト安倍を狙う人材不足で、党内から異論が上がらないことも、安倍首相のやりたい放題を

増長させる要因になっています」（政治評論家・野上忠興氏）

12年、「TPP断固反対！」を掲げて政権に返り咲いたのに、TPP（環太平洋経済連携協定）に前のめりになった安倍は「TPP断固反対と言ったことは1回もございません」と言い切った。要するに、安倍政権というのは、嘘から始まった政権なのである。

だから、ペテンも口から出まかせにも、痛痒を感じない。武器輸出を「防衛装備移転」と言い換えて解禁。戦争法は「平和安全法」で、他国の戦争に加担する集団的自衛権の行使を「積極的平和主義」という美名に、平然とスリ替えてきた。国民に対する誠実さがみじんもない政治。それが安倍政権なのである。

かつてはもう少し野党に配慮した

「選挙で信任を得たのだから何をやってもいい、なんて考え方はおかしい。議院内閣制では、国会は野党の意見を聞くためにある。野党も国民から選ばれた代表だ」

自民党のベテラン議員を取材した際、安倍首相の国会対応についてチクリと批判していた。先輩からの教えとして引き継がれてきたという。

故渡部恒三元衆院副議長は衆議院のホームページにこう残している。渡部氏は政界引退時は民主党議員だったが、スタートは自民党だ。

〈竹下内閣が誕生した際、与党の国会対策委員長に就任して、最初に竹下さんからいただだいた御指導は、「国会の運営については出来る限り野党の意見を聞いてやれ」ということであった。たしかに、与党が衆参両院で過半数をもっているから、すべて与党の言うとおりに国会が運営されて良いというなら、次の選挙まで国会はいらないということになってしまう〉

石破茂衆院議員も自身の派閥「水月会」のホームページの政策コラムにこう書いていた。

〈かつて自民党の国会対策には、国会を運営するに当たって、野党に7割の配慮をするという「7：3の構え」という教えがありました。予算案にせよ法律案にせよ、国権の最高機関である国会に審議をお願いし、早期成立を図る環境を作るのはあくまで政府・与党の側なのだから、可能な限り辞を低くし、平身低頭の姿勢に徹するよう教えられたものでした〉

こうした謙虚な姿勢はどこへ行ってしまったのか。

2018年7月31日、大島理森衆院議長が通常国会を振り返る談話を発表した。森友学園問題における財務省の公文書改ざんなどを受け、安倍政権に反省と改善を促す異例の議長所感だった。行政府と立法府のあるべき姿を説いている。

〈この国会において、①議院内閣制における立法府と行政府の間の基本的な信任関係に関わる問題や、②国政に対する国民の信頼に関わる問題が、数多く明らかになりました。これらは、いずれも、民主的な行政監視、国民の負託を受けた行政執行といった点から、民主主義の根幹を揺るがす問題であり、行政府・立法府は、共に深刻に自省し、改善を図らねばなりません〉

〈憲法上、国会は、「国権の最高機関であり、国の唯一の立法機関」（憲法41条）として、「法律による行政」の根拠である法律を制定するとともに、行政執行全般を監視する責務と権限を有しています。これらの権限を適切に行使し、国民の負託に応えるためには、行政から正しい情報が適時適切に提供されることが大前提となっていることは論を俟ちません。これは、議院内閣制下の立法・行政の基本的な信任関係とも言うべき事項であります〉

〈しかるに、（1）財務省の森友問題をめぐる決裁文書の改ざん問題や、（2）厚生労働省による裁量労働制に関する不適切なデータの提示、（3）防衛省の陸上自衛隊の海外派遣部隊の日報に関するずさんな文書管理などの一連の事件はすべて、法律の制定や行政監視における立法府の判断を誤らせるおそれがあるものであり、立法府・行政府相互の緊張関係の上に成り立っている議院内閣制の基本的な前提を揺るがすものであると考えねばなりません〉

言うまでもなく、大島氏は与党である自民党の議員である。政府と与党という身内に対しての苦言は異例だが、議会人として至極まっとうだ。

内閣の正当性を担保するためにも、主権者である国民から委任された国会が行政監視権を持つ。議会制民主主義の常識である。

行政による国会軽視は、与党である自民党をも軽視しているということなのだ。与党の議員は政府の下請けに成り下がるのではなく、頭から火を噴くほどに怒らなきゃおかしい。

岸田首相は安倍氏が確立した国会軽視を加速

こうした国会軽視、国民軽視の安倍政権の姿勢を引き継ぎ、さらに加速させているのが現在の岸田政権だ。

日本の戦後の安全保障政策を大転換した前述の「安保3文書」の改定は、臨時国会が閉幕した後の2022年12月16日に閣議決定された。

防衛省や外務省など政府内部では安倍政権以来の〝既定路線〟で進んでいたものの、公の場での議論は同年9月30日に首相官邸で初会合が開かれた「国力としての防衛力を総合的に考える有識者会議」で行われたに過ぎない。それも会議はわずか4回開かれただけで、1カ月半後の11月22日には報告書をまとめ、政府方針を追認しただけのアリバイ的なものでしかなかった。

本来ならば、まずは国会で全体像を示し、必要な装備や予算規模についての議論も行ったうえで具体化していくべきなのに、GDP比2％の防衛費だとか、敵基地攻撃能力保有といった各論を先行させ、与党内の協議会とワーキングチームの了承を取った。その間、国会での議論はほとんどなく、国会閉会後の閣議決定というプロセスだったのである。メディアも決定直前にしか大きく取り上げないから、国民には何がどうなっているのか正確に伝わっていない。だから岸田氏が繰り返す「我が国を取り巻く安全保障環境は急速に厳しさを増している」というフレーズだけで納得させられてしまう。

挙げ句に岸田首相は国会に報告するより先に、訪米してバイデン大統領に「防衛力増強」を報告、手土産にしたのだ。

岸田政権がさらに狡猾なのは、これと同じタイミングで原発回帰まで閣議決定により歴史的大転換をしてしまったことだ。

岸田首相が古い原発の運転期間の延長と新型原子炉への建て替えを含む原発活用方針の検討を指示したのは22年8月24日。それからわずか4カ月後の同年12月22日、「GX（グリーントランスフォーメーション）実現に向けた基本方針案」をとりまとめ、原発を「最大限活用する」と決定した。安倍政権も菅政権でも「現時点では想定していない」としてきた原発の新増設や、60年を超える運転を認めることを盛り込んだのだ。２０１１年の東京電力福島第一原発事故以来、原発依存度を可能な限り低減するとしてきた政府方針を覆し、翌23年2月10日に閣議決定した。

もっとも、原発推進の経済産業省内部では、福島の原発事故直後から水面下で着々と原発回帰のタイミングを計ってきていたというから、関係者にとっては「わずか4カ月」ではないのだろうが、それでも表の政府方針は「原発依存度を可能な限り低減」だったのだから、国会議論なき方針転換は国民への裏切り行為だ。

三権分立などなきがごとし。立法府の国会を行政府の追認機関に貶《おとし》め、閣議決定で何でも進めてしまっているだけでなく、この原発活用方針は、国会では例の「束ね法案」で審議された。

そもそも原発の運転期間延長や新増設がなぜ「GX実現に向けた基本方針案」などという名称になるのかだが、原発活用のお題目は「脱炭素」であり、「GX脱炭素電源法案」として関連法案5本がまとめて国会に提出されたからだ。

温暖化対策で世界的に「カーボンニュートラル」が叫ばれる中、「脱炭素」のための法律は歓迎すべきものだ。そこに「原発活用」を潜り込ませる姑息さ。

国会では、野党から「どういう場合に60年を超えて運転できるのか」「使用済み核燃料の問題はどうするのか」などの質問があっても、政府は「状況に応じて検討する」「具体的な運用は、法改正後に決める」と曖昧な答弁でかわし、議論が深まらないまま「数の力」で法案は成立した。

そして、歯止めの利かない国会軽視の最大の象徴が「予備費」の巨額化である。

予備費は国会の承認を得ずに、政府の裁量で使い道を決められる予算だ。本来は、急な自然災害など不測の事態に〝備え〟たもので、毎年度、数千億円程度が予算化されてきた。ところが、それが今は兆円単位が当たり前になっている。22年度は、当初予算で5兆5000億円の予備費が計上され、経済対策と称して補正予算で積み増し、22年度予備費の総額は11兆7600億円にまで膨らんだ。

きっかけは「新型コロナ対策」だ。確かに世界的なパンデミックの発生など誰も予想せず、いつ収束するかわからなかったので、通常より多めに予備費を積んでおくという判断は仕方のない面もある。だが、国会のチェックを受けない〝つかみ金〟の使い勝手のよさを知ってしまった政府与党は、「コロナ」を名目に、対象を経済対策にまで広げ、金額がドンドン拡大。予備費から支出された分を、補正予算で新たな予備費を計上して埋め戻すということまでやりだした。

税金の使途として適切なのかどうかを審議するために国会があるのに、使途を明確にせず何でも予備費にして予算案を通してしまえば、政府のやりたい放題である。

巨額の予備費は使われなければ剰余金となるが、岸田政権ではこれを防衛費倍増の財源にする。最初から防衛費に充てることを想定し、余ることを見越して毎年度大きな額の予備費を予算案に計上する、という脱法的手法まで話し合われている。

こんな政権を放置していいのだろうか。

第4章　社会「分断」の冷酷――高齢者を切り捨て、女性を軽んじる

「すべての女性が輝く社会づくり本部」の会合に出席。向かって右に菅義偉官房長官と高市早苗総務相。多くのスローガンが掲げられ、そして……＝2016年５月20日、首相官邸

(1)社会保障で国民騙しのオンパレード

年金「100年安心」は真っ赤な嘘

2019年6月。この頃、ゲンダイの1面見出しには連日「2000万円」の文字が躍った。

「年金100年安心は嘘だったのか」――。日本中にそんな怒りが渦巻いたことを覚えているだろうか。

金融庁の審議会が公表した報告書「高齢社会における資産形成・管理」で、「65歳で退職後95歳まで夫婦で暮らす場合2000万円の蓄えが必要」と試算したことが波紋を呼び、批判が広がったのだ。

報告書は「夫65歳以上、妻60歳以上の夫婦のみの無職の世帯では毎月の不足額の平均は約5万円。20~30年間の不足額の総額は単純計算で1300万円~2000万円になる」と指摘し、若い頃から資産形成すべきだと提言している。要するに「年金だけでは老後を送れないから2000万円貯蓄するように」ということだ。

しかし、こんなふざけた話はない。批判が噴出したのは当然だった。

安倍政権は、「公的年金100年安心」などと散々、喧伝してきた。そもそも政府・与党が2004年に年金制度を「100年安心」とアピールした当時の自民党幹事長は安倍氏だ。それがいざとなったら、「年金を当てにするな」「100歳まで生きるのであれば自己責任で投資してカネを工面しろ」というのだから、あまりにムチャクチャな論理展開である。

世論の怒りが収まらない中、安倍政権がこの時取った対応も不誠実極まりないものだった。

まず、報告書を公表した金融庁のトップを兼任する麻生太郎財務相だ。閣議後会見で、報告書について、こう言い放った。

「人生設計を考える時に100まで生きる前提で退職金って計算してみたことあるか？普通の人はないよ」

「俺、ないと思うね」

「今のうちから考えておかないかんのですよ」

「100年安心」という約束を破っておきながら、国民に説教をしたのだ。

これにはさすがに、立憲民主党の辻元清美国会対策委員長が「まず謝れよ、国民に。中し訳ないと」と非難、怒りに打ち震えていた。

多くの国民がうっすらと抱いていた年金への疑義は、この2000万円問題で確信に変わった。「年金で第2の人生」なんてものは、やっぱり夢物語だったのだ。

そして、もうひとつ、不誠実な対応があった。これぞ、狡猾な安倍政権の真骨頂だ。19年の報告書公表時、7月に参議院選挙を控えていた。火消しに躍起になった政府は、「100年安心というのは年金制度そのものが維持されるという意味」であり、年金の額がずっと安定的ということではないと強弁した。

しかし、「100年安心」と聞けば普通に年金は十分にもらえると誰だって受け止める。ただ、一方で国民の多くも、また特にど真ん中にいる高齢者自身も、年金だけで暮らせないという現実を薄々実感してきていたから、年金制度には不安を抱いていた。それが露わになったのだから、本来なら報告書をもとに、ではどんな年金制度にすべきか、他の生活保護や医療・介護なども含めた総合的な社会保障はどうあるべきかを、早急に議論することが政府・与党の責務ではないか。高齢化社会が急速に進む中で待ったなしの課題が浮上したのである。

ところが、安倍政権はまったく逆の〝危機管理〟を行った。参院選は目前だ。2000万円問題への不満や不信は選挙のマイナスになる。そこで、報告書を「なかったこと」にしたのである。

「今のうちから考えておかないかんのですよ」と、当初、上から目線で説教をした麻生財務相兼金融相は態度を一変させ、

「正式な報告書としては受け取らない」

自民党の森山裕国対委員長は「報告書はもうない」と繰り返し、国会論戦を避けた。参院選の争点外しが目的なのは明らかだった。

そして安倍首相は、こう言って幕引きを図った。

「(試算は)国民に誤解と大きな不安を与えるもの。高齢者の実態はさまざまで、平均での乱暴な議論は不適切であった」

見事なほどの臭いものにフタだ。

これらの判断は、安倍首相が世論の反発に激怒したことを受け、菅義偉官房長官が財務省と金融庁に指示し、「官邸主導で行われた」(自民党幹部)という。

さて、この「2000万円問題」の本質はどこにあるのか。

とうの昔からわかっていた現実を、政治がひた隠しにしてきた罪ではないだろうか。金融庁の報告書は、むしろそれを正直に言葉にしたとも言える。「年金では老後の暮らしに不足するので、早めに投資などで資産作りを」と呼びかけようとした、その無責任の是非は横に置くとして。

だが、安倍政権は再び都合の悪い事実を隠し、闇に葬ったのである。

「全世代型社会保障」の欺瞞

安倍政権の欺瞞の象徴が「全世代型社会保障」だ。

厚生労働省は虎視眈々《こしたんたん》と〝転換〟を狙っていたが、新聞やテレビのニュースになるような形でこの言葉が最初に登場したのは、2017年9月のことだった。内閣改造後の目玉として打ち出した「人づくり革命」で、その具体策を話し合う「人生100年時代構想会議」の論点のひとつに、「全世代型社会保障への改革」があった。

初回の会合で、安倍首相は「安倍内閣が目指す1億総活躍社会を作り上げるうえでの本丸であり、安倍内閣の最大のテーマ」と謳い上げた。

国会での所信表明などでもこう演説した。

「子どもから現役世代、お年寄りまで、すべての世代が安心できる社会保障制度へと改革を進める」

「全世代型」と聞けば、赤ちゃんからお年寄りまですべての年代・世代の国民に必要な社会保障を十分に提供する、と思ってしまう。

しかし、耳あたりのいい言葉の実態は真逆だ。

くしくも安倍首相自身が日経新聞のインタビュー（2017年9月13日付）で、こう発言している。

「高齢者向け給付が中心となっている社会保障制度を、全世代型社会保障制度に改革していく」

つまり「全世代型」とは、社会保障全体のパイは増やさず、高齢者向けを減らして、若年層や子育て世代向けに予算をつけ替えるだけのことなのだ。高齢者の負担を増やし、給付を減らす仕組みである。高齢者からブン捕った分は、社会保障が高齢者優遇だと不満を持つ若い世代に回す。これで若い世代は喜ぶかもしれないが、明日は我が身だ。誰もがいつかは高齢者になる。このままの制度だと現役世代が高齢者になった時にはもっと負担が増やされ、給付が減らされているのは想像に難くない。

その手法は、まさに社会の分断統治だ。安倍政権が多用した「敵と味方」を設定するやり方である。

社会保障費を削られる高齢者は不満を抱く。「俺たちが現役世代の時には必死で働いて高齢者を支えたのに」とその不満は若者に向かう。そうなるとますます若者世代は「高齢者優遇はおかしい」と矛先を高齢者に向ける。

「年寄りが長生きするから、若い人の負担が重くなる」。そんな空気を醸《かも》し出し、国民を高齢者と若者に分断し、世代間であえてケンカさせ、お互いにいがみ合う状態に追い込む。その上の方で、権力者はほくそ笑んで黙って見ている。

確かに、若い世代にとって子育てや教育費の問題が切実なのは間違いない。しかし、それを世代間対立の世論形成に利用する政治は悪辣だ。どうして両者をともに幸せにする政治がやれないのか。

そもそも、社会保障費に充てられる額自体がどんどん減らされていることを若い人も知っておいた方がいい。

政府は毎年、社会保障費の自然増分の伸びを抑制する予算編成を続けてきている。厚生労働省の概算要求で見込んだ額から1500億円前後をカットする形で、安倍政権時代の2013～20年度の8年間に削減された額は、累積1兆8300億円に達する。

この自然増分の抑制は現在も毎年の予算編成で続けられている。18年度までは自然増分の上限を5000億円としてきたが、19年度には5000億円を割り込み4800億円に引き下げ、23年度の現在は4100億円まで減らされている。

年金や介護、雇用の保険料の納付額は増えることはあっても減ることはない。給付だけ減るのはどう考えてもおかしい。

年金改悪、国民騙しの手口①「支給開始年齢の選択制」

社会保障の詐術が一番わかりやすいのが、安倍政権時代に改悪された「年金制度」だ。

年金制度は、現役世代が年金保険料を納めて、同時代に生きる高齢者への給付を支える仕組みだ。しかし、少子高齢化で財源の支え手となる現役が少なくなり、経済の低成長が長期にわたっていることで、前述の「2000万円問題」で露呈したように、年金制度はすでに破綻している。

それでもゾンビのような制度を延命するため、いかに支給額を減らし、いかに納付させる保険料は増やし、財源を確保するか。あの手この手の国民騙しの手口が次々と繰り出されたのが安倍政権時代だった。

例えば、制度延命のために「支給開始年齢の選択制」を推奨したことだ。「70歳での受け取りを選べますよ。もらえる額も増えますよ」との甘い誘い。ここには原則65歳となっている年金支給開始を少しでも遅くさせたい政府の意図がある。年金制度をめぐるあらゆる「改変」は、たとえそれがどんなに〝お得〟のように見えても、慎重な見極めが必要だ。

2019年6月の参院決算委員会で、年金支給開始年齢をめぐるとんでもないカラクリが明らかになるやりとりがあった。

問題となったのは「年金請求書」だった。年金支給が始まる65歳の3カ月前に受給予定者には「年金請求書」が届けられるが、同年4月にこっそり文面が変更されていたのだ。

年金請求書には、「年金額を増額させますか?」などの設問があり、〈老齢基礎年金・老齢厚生年金両方の繰り下げ（66歳以降に増額した額を受け取ること）を希望される場合には、この請求書を提出する必要はありません〉と書かれてある。

要するに年金額を増やしたい人は、請求書を送らなくてよい、ということだ。

この問題を取り上げた大塚耕平参院議員（国民民主党）が、「これを読むと誰でも増額させたいと思うのが人情だ。総理もそう答弁した。しかも提出不要と書かれている。提出不要の方を普通選びますよ。面倒くさいから。提出しなかった人の年金支給開始年齢はどうなるのか」と質問すると、根本匠厚労相は「（提出せずに）そのままにしておくと、70歳からになります」と当たり前のように答えた。

年金請求書を提出しなければ、年金の支給開始年齢は自動的に70歳に引き上げられる。しかし、70歳支給だと、長生きしなければ受給期間が短くなり、その先どれだけ生きられるのかのリスクを負う。受給の増額によって、住民税非課税世帯でなくなり、住民税や社会保険料を払うようにもなりかねない。そもそも、65歳よりも60歳、70歳よりも65歳と受給開始を早めた方が得だとの試算もある。国民一人ひとりが慎重に検討して選択すべき問題だ。

「選択制」の形は取りながらも言葉巧みに70歳支給に〝誘導〟する手法には、立正大客員教授（税法）の浦野広明氏がゲンダイの当時の取材に「国家ぐるみの悪徳商法と言っていい」と怒っていた。一方的に商品を送ってキャンセルの連絡がなければ〝購入〟と見なす「送りつけ商法」にそっくりの手口でもある。

年金改悪、国民騙しの手口②「財政検証」

年金改悪の国民騙しの事例をもうひとつ。

年金の支給額については、5年に1度、「財政検証」が行われる。これから将来にわたって、果たしてどれだけの額がもらえるのかを、様々な予測をしたうえで検証したものだ。別名「年金の健康診断」とも呼ばれ、「今後、私の年金はいくらもらえるの?」という国民の不安に対して答えるものなのだが、安倍政権時の2019年に公表された財政検証は、批判をかわすために実態を覆い隠した、まったくもって〝詐欺まがい〟の数字が並んでいた。

財政検証では、受け取れる年金額について、将来の経済成長によって6つのケースを想定し、それが現役世代の収入と比べて、どれぐらいの比率なのかを試算して示している。これを「所得代替率」と呼ぶ。

ちなみに、19年時点の夫婦2人のモデル世帯の給付額は基礎年金と厚生年金の合計で月額22万円。一方、現役男性の平均手取り収入額は月額35万7000円。つまり、19年時点での所得代替率は、22万円を35万7000円で割った61・7％だった。
そもそも、夫が40年間同じ会社で働き、妻は専業主婦という夫婦をモデルとすること自体、非正規雇用者やシングルマザーなどが増えているのに、非現実的な試算なのだが、約30年後の状況を予測して政府が示した6つのケースは次のようなものだった。

ケース①　経済成長率0・9％　↓所得代替率51・9％
ケース②　経済成長率0・6％　↓所得代替率51・6％
ケース③　経済成長率0・4％　↓所得代替率50・8％
ケース④　経済成長率0・2％　↓所得代替率46・5％
ケース⑤　経済成長率0・0％　↓所得代替率44・5％
ケース⑥　経済成長率マイナス0・5％↓所得代替率38・0〜36・0％

ケースが6つあれば、普通はちょうど真ん中あたりのケース③ぐらいになるのだろうという印象を持つ。この想定がひどいのは経済成長がそんなに甘い数字ではないことだ。当時取材した経済アナリストはこう憤っていた。

「毎度のことですが、前提条件がおかしい。現状、日本経済は低成長が続いている。今後はさらに少子高齢化が進み働き手もいなくなる。可能性が高いのはケース⑤と⑥です。①から④は絵空事です。実はさらっと触れられているので見落としがちですが、財政検証では、今後の制度維持のための課題として、〈被用者保険の更なる適用拡大〉〈保険料拠出期間の延長と受給開始時期の選択〉と記されている。年金制度維持のために、支給額を減らすと同時に、保険料の納付者を広げる方向に誘導していく狙いがある」

〈被用者保険の更なる適用拡大〉は、年金財源確保のためにパート労働者などにも厚生年金を納めさせ加入範囲を広げていくこと。そして、〈保険料拠出期間の延長と受給開始時期の選択〉は、高齢者の定年を延ばして年金保険料を長く納めてもらい、しかも支給時期を70歳や75歳まで先延ばしにしようということ。財政検証から4年経過した2023年、実際にその方向に動いている。

受給開始時期は22年4月から75歳まで遅らせる選択ができるようになった。保険料拠出期間の延長については、国民年金の保険料納付期間を現行の40年から45年に延長する案の検討が進められている。次回2024年の財政検証で方針が決まる可能性がある。

一部のパート労働者は22年10月から厚生年金加入が義務づけられた。年金は積み立て方式ではない。パート労働者の年金保険料を本人と企業が折半で納付しても、老後に満足できる額がもらえる保障はない。国民の負担だけが重くなっていく。

スローガン政治の目くらまし

「一億総活躍社会」――。

2015年10月からの第3次安倍改造内閣の看板政策だった。

あくまでも個人的な意見ですが……。社会保障制度に詳しいシンクタンクの研究員に取材した際、彼が雑談で漏らした「違和感」が今も印象に残っている。

「初めてこのスローガンを聞いた時から、得も言われぬ『引っかかり』を感じてしまいました。より直截的に言えば、『空虚さ』というか『冷たさ』というか」

日本国民は1億3000万人近くいるのに、なぜ「1億」なのかというと、それは少子化で人口が減っていく50年後（2065年）のことで、その時であっても「1億人を確保するという目標」なのだそう。ちなみに、23年4月に公表された最新の「将来推計人口」（国立社会保障・人口問題研究所）によれば、2056年には日本の総人口が90年ぶりに1

億人を割り込み、2070年には8700万人という予想になった。安倍氏が掲げた〝目標〟は早々に破綻したことになる。研究員の話は続く。

「総くくりで『1億』という言い方は集団的であり、一人ひとりの生活観や人生観を大事にするという『個人の尊重』がその表現に見えてこない。『活躍』という言葉にも『冷たさ』を感じます。記者会見で安倍首相は『(国民一人ひとりが)一歩前へ』と強調しましたが、働きたくても職種のミスマッチや障害や高齢で働けない人もいる。これから高齢者の仲間入りをする団塊世代などは命がけで戦ってきた競争社会から解放され、質素でもいいからと最後の人生をあれこれプランしたい人も多いでしょう。人生は人間の数だけある。それらが尊重されるのが民主主義であり人間主義だと私は思います。『活躍』は強要という印象が強い。また、『前へ』ばかりでなく、一歩下がる勇気だって社会にも人生にも必要なのではないでしょうか」

そう考えると、本来政治が掲げるべきスローガンは「総活躍」という十把一絡《じっぱひとから》げの文言などではなく、「1億3000万人が、それぞれが生きたい人生を選び送れる社会」だと、研究員は強調した。

「そういう社会を実現するために、制度やインフラを作るのが政治の使命だと思うのです。

ところが、『一億総活躍社会』は、『戦後の復興』や『高度成長期の世界に追いつき追い越せ』の時代を思わせる。国や社会や会社や家族のために、前へ前へと努力した時代を連想させる。しかし、これから先、幸福感も社会環境も変わってくる未来に、過去の時代の『錯誤』を犯していませんか。そんな思いを強くしました」

他にも「働き方改革」「人づくり革命」「人生100年時代構想」などなど、安倍政権では、国政選挙の度、内閣改造の度、施政方針演説の度に、新しいスローガンが掲げられ、次々と上書きされていった。

この「上書き政治」も安倍政権の特徴だった。新たなスローガンを掲げ、世間の注目を新しい看板へ移すことで、〝やってる感〟を維持し続ける。一般的にどの政権も使う手ではあるが、安倍政権は突出していた。

「上書き」によって、古いスローガンは忘却されていく。そうすれば、スローガンが実現できずとも、目標が達成できなくても非難されることなく、政権にとって打撃にならない。最初からスローガンはあくまでスローガンであって、結果は二の次でいい。実現性など追求していないのだ。

もっとも、看板が上書きされても、スローガンにはその政権に共通する「思想」は反映される。

安倍政権下の社会保障がらみのスローガンに共通していたのは、「社会保障なんてアテにしないで、一生働きなさい」ということだ。

「生涯現役社会の実現に向けて、意欲ある高齢者の皆さんに働く場を準備するため、65歳以上への継続雇用年齢の引き上げに向けた検討を開始します」

安倍首相は自民党総裁3選を果たした直後の18年10月、「未来投資会議」の場でこう宣言した。

「生涯現役社会」と言えば聞こえはいい。だが、極端に言えば「死ぬまで働け」と大号令を発したのに等しい。

雇用延長は当然、年金支給開始年齢の引き上げとワンセットだ。同年4月の財務省「財政制度等審議会」の資料には〈支給開始年齢の引上げは高齢就労を促進する〉と〝ホンネ〟が書かれていた。年金支給を渋れば働くしかない。しかも、働き続ければ、年金保険料の納付も続く。

「人生100年時代」と言ったって、100歳まで足腰が強く、自分で歩いたり、自分で食事したりできるような健康な人ばかりではない。厚労省のデータによれば、2019年の平均寿命は男性81・41歳、女性87・45歳。これに対し、健康寿命は男性72・68歳、女性75・38歳。健康を失ってから寿命が尽きるまでには、男女それぞれ8・73年、12・07年の期間があるということになる。

どう生きるかは人それぞれだ。健康である限り働き続けたい、お金も欲しい、という人がいれば、仕事を辞めて、孫と遊んだり、旅行をしたりの悠々自適の年金生活を思い描いていた人もいるだろう。それを一律に「総活躍」「人生100年」と押しつけられる。それも、政府の無策によって年金資金が不足しているからなんて、納得できる説明ではないのである。

「社会保障と税の一体改革」を変質させた

それにしても一体、なぜ、こんなにカネがないのか。

社会保障費については2012年に成立した消費増税法で〈(増税分の使途は) 年金、医療及び介護の社会保障給付並びに少子化に対処するための施策に要する経費に充てる〉と明記されていたはずだ。

野田佳彦政権下の与党・民主党と野党・自民党（谷垣禎一総裁）、公明党（山口那津男代表）が、いわゆる「3党合意」により、当時5％だった消費税を14年4月に8％、15年10月に10％に引き上げることで合意した（実際は、2度延期され、19年10月に10％へ引き上げた）。

自民党総裁が谷垣氏から安倍氏に代わり、自民党が政権復帰した後も、安倍首相だって「消費税収は社会保障にしか使わない」「消費税収は社会保障を維持、強化する安定財源にする」と断言していたものだ。

ところが、増収額8兆円と試算されていた消費税3％分のカネは全額、社会保障には行かなかった。

「『社会保障と税の一体改革』ではなく、『公共事業と消費税の一体改革』だ」と当時の民主党の海江田万里代表が批判していたが、安倍政権は増収額の一部を、見せかけの経済成長率（GDP）を押し上げるための景気対策として公共事業に回してしまったのだ。

「安倍政権は消費税率の引き上げが決まった途端、『増税の影響を緩和する』と言い出し、経済対策名目で消費税の2％増収分に相当する5兆円を公共事業などにバラまいてしまった。消費税収を社会保障に全額充《あ》てる、なんて嘘だったのです」（野党の国会議員）

2013年の政権発足直後から、「まずは経済」とアベノミクスを打ち出した安倍首相は、「全額社会保障に使う」という「3党合意」を反故《ほご》にしたのだ。

もうひとつ、「3党合意」では、国民に消費税増税を求めるのと引き換えに、政治家が身を切る姿勢を示す、という約束だった。しかし、一時期、2割程度の歳費削減を実施したものの、14年4月末までで元に戻してしまった。

加えて、許し難いのは、「3党合意」で消費税増税の方針が決まった際の〝理屈〟すら反故にする暴挙に出たことだ。

「このままでは早晩、社会保障の財源に大きな穴が開いて立ちいかなくなるとの強い危機感から、社会保障制度の全般的改革を推進することを条件に、その財源を確保するために消費増税を国民にお願いする」

前述の「3党合意」で当時の民主党、自民党、公明党はこう説明していた。

国民からすれば「社会保障制度の全般的改革を推進することを条件」に増税を受け入れたはずだった。ところが、実際に行われたのは「改革」ではなく「改悪」だ。安倍政権は、13年12月に「社会保障制度改革プログラム法」を成立させたのだ。

それまで、「自助・共助・公助の適切な組み合わせ」が謳われていたはずの社会保障制度改革が、「自助」が基本で政府はそれを〝支援〟する役割だということにすり替わった。「個人の自助努力を喚起する仕組みを導入」などとされ、介護・医療・年金などの分野で「互助」や「扶養」からの転換を図った。

もはや社会保障と消費税はリンクしていない。安倍政権は、社会保障制度そのものにおける基本理念までをも大きく変質させたのである。

なぜ本気で制度改革をしなかったのか

安倍政権は「官邸主導」「政治主導」と見られていたが、こと社会保障政策に関しては、安倍首相はそれほど関心が高くなく、官僚の言うなりというか、官僚が示す「削減」の方向性に乗っかっていたように思う。

正直、安倍官邸の側近や関係者への取材メモをひっくり返してみても、アベノミクスや安全保障政策に関するコメントはたくさん出てきたが、社会保障については「スローガン」をアピールするものばかりで、安倍氏個人の社会保障制度に対する具体的な考え方や政策決定への感想などはほとんど見つからなかった。

アベノミクスが代名詞の安倍首相は、就任直後から、「毎朝、官邸内の執務室にある株価ボードを確認する」と言われたほど、経済政策を政権の柱に置いていた。だから、安倍首相にとって社会保障にかかる経費は、人口減少下での労働力強化など経済成長につながるもの以外、国家財政を逼迫させる「負」でしかない。高齢化が進む中で、一刻も早く歳出を抑えなければならないものだった。安倍首相にとって、国民の福祉や健康の増進は優先順位が低かったのではないか、と思えてならない。

誰が総理大臣だとしても少子高齢化は簡単には解消しない。きょう子どもが生まれても、成人になるのは18年後だ。

だが、人口推計を見れば労働力となる生産年齢人口が加速度的に減少していくのは明確だ。そこで言いたいのは、7年8カ月もの異例の長期政権だったのだから、本気になれば、50年先、100年先を見据え、社会保障制度を抜本的に立て直すという決断ができたはずではなかったか。

急激な人口減により、日本の社会そのものが大きく変わる。少ない人口の中で東京一極集中は止まらず、一部の地方自治体は消滅の危機にある。中央と地方という統治の仕組みも変わらざるを得ない。税収も減る。高齢化で労働市場も変化する。

そうした厳しい時代のトータルな国家像をどうするのかについて、長く政権に就いていたからこそ腰を据えて取り組めるはずだったのに、安倍氏の口からは何も語られなかった。少なくとも、「社会保障と税の一体改革」の理念を反故にした際に、新たな理念を打ち出す責任があった。

選挙の時などの世論調査で「社会保障」への関心が高いことはわかっていたはずだが、安倍首相はあろうことか、それを選挙の道具に使った。2017年に「国難突破解散」と謳った衆議院選挙を断行したのはまさにその象徴だった。消費税増税の使途を「少子化対策」のための幼児教育無償化に変更することなどを大義にした。

そのうえ選挙の時に媚びる相手は若者だ。安倍内閣の支持率は年齢層が低くなるほど高いという世論調査のデータがあったからだろう。「全世代型社会保障」で若年層や子ども向けの政策を増やす一方で高齢者向け福祉は削減する。世代間対立を利用したパイの奪い合いを仕向けた結果、年寄りは人生設計が狂い、若い人は年寄りを憎しみ、「姥捨《うばす》て山」「早く死ね」の分断社会が固定化した。

「全世代型社会保障ではなく、むしろ『全世代型社会不安』です」と、法政大学名誉教授（政治学）の五十嵐仁氏がゲンダイの取材に断じていた。鋭い指摘に深くうなずくしかない。

(2)「伝統的家族観」から抜け切れない少子化対策

ピント外れな「3年間、抱っこし放題」

2017年9月、安倍首相は「国難突破解散」に踏み切った。ミサイル発射を繰り返す北朝鮮の脅威と少子高齢化が進む日本の現状を、「国難」とまとめる強引さと、追及が続いていたモリカケ問題から逃れ「リセット」するための口実として「少子化対策」が使われたことに、「選挙のためなら何でも利用する」安倍政権の本質を見たものだ。

第2次安倍政権発足の2012年から退陣の2020年で、合計特殊出生率(1人の女性が生涯に産む子どもの数を示す指標)は1・41から1・33に低下した。もちろんそれ以前から、少子高齢化は日本が抱える深刻な課題のひとつであることは間違いなく、安倍政権もスタート直後から少子化対策メニューを並べたが、唖然だったのはこれだ。

「3年間、抱っこし放題です」——。

13年4月に打ち出したアベノミクス3本の矢の3番目の成長戦略で、その中核に「女性活躍」が位置づけられた。具体策のひとつが「3年間の育児休業」。安倍首相は成長戦略についてのスピーチで、法定育児休業を現行の最長1年半から3年に延長すると語った後、得意げに「3年間、抱っこし放題です」と発言したのだ。

直後から議論百出だったが、多くの働く女性が感じたのは、「安倍さん、その感覚ズレていませんか」だった。

働く女性にとっての最大の悩みと不安は、育休明けに自分の職場で居場所はあるのか、積み上げてきたキャリアを持続できるのか、という点にある。そのことが原因で出産を躊《ちゅう》躇《ちょ》する人は少なくない。晩婚化の一因でもある。

そうした不安を解消するには、保育施設の充実など早期に職場復帰できる環境作りや、幼い子を抱えていても当たり前にキャリア形成ができるような職場の理解と受け入れ態勢が何より重要だ。3年間もゆっくり育児に専念していたら、元の職場に復帰することは極めて難しい。

さらに、育休中はほとんどが無給で、雇用保険に加入していれば育児休業給付金をもらえるものの給付額は賃金の半分だ（2013年時点）。共働きで家計を支えている夫婦は、片方が3年間も休んでいたら暮らしていけない。そんなこともわからないようでは、安倍政権が少子化対策に本気で取り組もうとしているとは思えなかった。

現実に即さないピント外れ以上に、この問題の根深さは、安倍首相が「3年間、抱っこし放題」と言えば、女性たちが大喜びするだろうと疑っていなかったことだ。

「3年」という数字がなぜ出てきたのか。「三つ子の魂百まで」のことわざに倣って、お母さんは子どもが3歳になるまではずっと一緒に過ごした方がいい。それが一番の幸せ――みたいな感覚が根っこにあるからだろう。

安倍氏は2006年に出版した著書『美しい国へ』（文春新書）で、少子化について次のように記している。

〈従来の少子化対策についての議論を見て感じることは、子どもを育てることの喜び、家族をもつことのすばらしさといった視点が抜け落ちていたのではないか、ということだ。わたしのなかでは、子どもを産み育てることの損得を超えた価値を忘れてはならないという意識がさらに強くなってきている〉

〈同棲、離婚家庭、再婚家庭、シングルマザー、同性愛のカップル、そして犬と暮らす人……どれも家族だ、と教科書は教える。そこでは、父と母がいて子どもがいる、ごくふつうの家族は、いろいろあるパターンのなかのひとつにすぎないのだ〉

〈子どもたちにしっかりした家族のモデルを示すのは、教育の使命ではないだろうか〉

安倍氏の考えでは「父と母がいて子どもがいる」のが「しっかりした家族」。なぜ共働きなのかという経済実態や多様性が進む社会実態からかけ離れた理想論や時代錯誤の家族観を語っていた。

安倍首相が「3年間、抱っこし放題」と言っていた頃は、年間の出生数が初めて100万人を割り込み大騒ぎだったが、あれから10年も経たない2022年には、80万人割れだ。それで岸田文雄首相が「異次元の少子化対策」をまとめると急に言い出したのだが、加速度的に進む少子化の実態を表す数字が出る度に慌てて総花的な対策をまとめる、ということを繰り返している。伝統的家族観から抜け出せない政権では、何をやっても前に進まない。

「女性活躍」は労働力が欲しいだけ

女性は家庭に、という家族観の安倍首相が打ち出した「女性活躍」には、社会の意識変化を促すような女性の積極登用ではなく、別の目的があった。

「労働力の確保」である。

少子高齢化による人口減少は、イコール生産年齢人口の減少であり、「産めよ増やせよ」が間に合わないならば、家庭内に押しとどめていた女性たちにどんどん外に働きに出てもらって、労働力を補おうということだ。「女性が輝く日本へ」というスローガンを掲げたのは、女性を「眠れる資源」「含み資産」と捉える観点から、女性の活用が経済成長に不可欠と考えたからだった。

そんな打算的な政策だから、安倍政権時代に女性の社会進出や組織での登用が劇的に進むことはなく、「同一労働同一賃金」と言っても男女間の賃金格差は縮まることはなかった。女性の労働者数は増えたものの、その5割以上がパートなどの非正規雇用者で、むしろ彼女らにも社会保険の財源の担い手になってもらうべく、社会保険料の支払いや配偶者控除の見直しなどの制度変更が着々と準備された。

安倍首相は上場企業に「役員の1人は女性を登用して欲しい」と要請し、以前から政府が目標に掲げていた「2020年までに指導的な役割を果たす女性を30%程度にする」との目標達成にも意欲を示した。安倍首相はダボス会議でもこれをアピールし、〝国際公約〟にもなっていた。

だが結局、目標年次の2020年になっても実現にはほど遠く、公約だった「2020年まで」が「2020年代の可能な限り早期に」と曖昧な形で先送りされている。岸田政権になって、「東証プライム市場の上場企業の役員に占める女性比率を2030年までに30％以上にする」との目標を定めたが、目標の立て直し、後ろ倒しが繰り返されている。

そりゃそうだ。

女性が働くことへの社会の意識が変わらなければ、女性の登用なんて進むはずがない。鶏と卵の問題みたいだが、経済成長が先か、社会変革が先か、と言えば、中長期的な視野で少子化問題に向き合うなら、間違いなく後者、社会変革が先だ。安倍首相は自身が政権に就いていている短期間に限って実績を上げる（株価を上げる）ことしか頭になかったから前者に偏り、機能しなかったのである。

「伝統的家族観」の原点は経済政策

自民党に根強く残る「男女の役割分担」や「家父長制」の考え方は、戦前からの家制度を引きずっているという側面とともに、高度成長期に作られた「福祉予算を減らす仕組み作り」という経済的な側面もある。50年経っても、女性を経済の調整弁のように使う思考は変わっていない。

キャスターの安藤優子氏が自身の博士論文に加筆して出版した『自民党の女性認識

『イエ中心主義』の政治指向』（明石書店）にそうした記述がある。興味を持ったので安藤優子氏にインタビューをした（2023年4月6日発行）。

——著書のタイトルに「イエ中心主義」とあります。自民党の女性認識や家族観について、どんなことが分かったのでしょう？

研究の出発点は「なぜ日本はこんなに女性の国会議員が少ないのか」でした。そして、女性に注がれている「らしくあるべき」などの社会の目線がどこから来たのか、という疑問にたどり着いた。研究を進めていくと、それは、突然降って湧いたりとか、誰かが種をまいて芽を出し、ふんわりとしたところで植えつけられたものではなく、一定の意図を持って再生産されてきたということが分かった。自民党は長らく政権与党としてこの国の政治を牽引し、同時に日本の政治文化をつくってきました。それには、役割分担論も含まれます。まず母親、良き妻として頑張れとか、子どもを産んで育てて一人前とか。そうした価値観は、自民党の経済政策として、1970年代に再評価されたものが戦略的に再生産され続けてきた、ということを本の中で解き明かしているんです。

——伝統的な家族観は、そもそも経済政策だったんですか。

1970年代、女性に「家庭長」という奇妙な役割を与えて、家庭内安全保障を機能させたのです。女性が家庭長として、子どもをちゃんと育て、夫を元気で送り出し、おじいちゃんおばあちゃんの面倒をつつがなく見て、家庭の中の安全保障を担えば、ひいては国の福祉予算が減免されるという経済政策です。つまり、家庭長という形で女性に無償の労働負担を強いたわけで、女性は家庭長たる者が最も美徳とされる価値観が強調されるようになっていきました。女性は家の構成員としては認識されても、個人として認識されず、常に誰かに従属するものとされてきた。私はこれを「女性の個人としての認識の放置」と呼んでいます。(中略)

——確かに、正社員の夫、専業主婦の妻、子ども2人のモデル家庭が、年金計算などでまだ使われています。非正規雇用は女性が多いですしね。

1970年代の文献に「家庭長としての役割をきちっと果たした上で働くのであればパートタイムが望ましい」と書いてあるんですよ。当時はそれをもって社会進出と呼んでいた。そこから今、どれだけ前に進んだのでしょうか。働く環境や同一労働同一賃金など、制度や政策を整えようとしていますが、根底にある女性に対する認識が本当に変わったのかどうか。女性がこうあるべきみたいな意識は、私たちが思うより根深いですよね。

非正規雇用の一層の拡大で、結婚できず子どもも作れず

社会の多様性が進み、結婚する必要性を感じない、子どもを作る気がない、など様々な価値観が生まれているので、「これだ！」という即効性や確実性のある少子化対策が、簡単には出てこないだろうことはわかる。

とはいえ、安倍氏は口先だけの「女性活躍」を掲げるぐらいなら、もっとピンポイントで打てる対策があったのではないか。結婚したい人が結婚を決断できるくらいまで、安定した生活が送れるくらいにまで、若年層の収入を増やすための政策に集中したらどうだっただろうか。この疑問は今の岸田政権でも同様だ。

非正規雇用の増大は女性に限らない。社会保障の専門家や少子化を研究する社会学者など、もはや誰に聞いても、若年男性の収入の低さや不安定な地位、将来不安が少子化に影響していることは明らかだ。

経済評論家の斎藤満氏はこう指摘している。

「少子化の原因のひとつは、収入が低いために、結婚したくてもできない、子どもが欲しくても持てない人が増えていることでしょう。いま労働者の4割は非正規雇用です。国税

庁の『民間給与実態統計調査』（2021年分）によれば、正社員と非正規雇用との賃金格差は3対1に拡大しました。年収190万円の非正規雇用では、子どもを持つことが難しい。少ない給料から家賃や社会保険料を払えば、あとはいくら残るのか。子どもどころか結婚すらできません」

50歳時点で一度も結婚経験のない人の割合である「生涯未婚率」は、1980年の男性2・60％、女性4・45％が、2020年は男性28・25％、女性17・81％。40年前に比べて大幅に増加している。

独身研究家でコラムニストの荒川和久氏が「不本意未婚」と呼んでいる、30代までの未婚者のうち結婚したいのにできない人は4割に達するという。荒川氏は、経済問題が解決すれば、1割程度は結婚が増えるでしょうと、朝日新聞（2023年4月13日付）の取材に語っている。

8000万人国家で幸せな国を目指す方法もあった

社会保障費が削られ続け、少子高齢化への抜本的な対策もなされず、どう見ても衰退国家への道――。安倍政権が残した負の遺産を前にした時、私には、あらためて響いてくる2人の言葉がある。

1人は政治家。加藤紘一元自民党幹事長のエピソードだ。

2016年に死去した加藤氏は、宏池会（現在の岸田派）の会長を務め、首相候補と言われた大物だが、森喜朗内閣の不信任決議案への賛成を画策したいわゆる「加藤の乱」で失脚した。政治資金流用疑惑で一時、離党・議員辞職し、その後の総選挙で復帰・復党するなど、波乱万丈の政治家人生だった。

加藤氏は議員辞職して地元・山形の選挙区を歩いた時期に、次のようなことを考えたのだという。

「もう一回原点から始めようと政治家になって初めて選挙区を毎日、毎日くまなく回った。どんな山の中も分け入って、有権者の家にお邪魔して1対1で膝を突き合わして話した。気づかされたのが、一人一人、それぞれ人生があって、それぞれ〝幸福観〟が違うということだった」

「おじいちゃん、おばあちゃん、これからの人生何をやりたい？　何が幸せ？　と聞くと、本当にそれぞれだった。贅沢はいらないが10坪土地が欲しい、そこを畑にして自給自足して暮らしたい。1週間に一度町へ車で買い物に行きたい。孫の顔は見たい。病気になったら病院は近くにあればなおいい。そんな話を聞いて、自分が今まで得意になって考えたり偉そうに語ってきた社会保障政策って一体なんだったろうと思ったんだよね」

「国会で、今生きている老若男女の日本人の〝幸福観〟を議論したらどうだろうかと。田舎に暮らす年配の夫婦は求めている幸福が都会の人たちとは全く違う。なのに、政治家や官僚は東京にいて、東京での生活を考えて年金がいくらとか決めている。社会保障制度がこうあるべきだとか議論している。それっておかしいよね。だから私は、全国の地方それぞれの暮らしの中から代表として選ばれてきている政治家が、国会で〝幸福観〟を徹底して何日もかけて議論する。その後に初めて、じゃあその多様な〝幸福観〟を満たし、その最大公約数の年金額っていくらという風に政策にしていく——、そんな政治をやるべきじゃないだろうか」

（「経済界」2016年10月18日号「永田町ウォッチング」鈴木哲夫より）

もう1人は『100均資本主義　脱成長社会「幸せな暮らし」のつかみ方』（プレジデント社）の著者である経済学者、郭洋春《カクヤンチュン》立教大学教授だ。デフレを強みにした経営で「100円均一」などの低価格ショップが増えてきていることを、成長至上主義から解き放たれる日本独自の経済モデルとして論じた。2023年1月19日発行のゲンダイでインタビューした。

「『進歩』とか『成長』と言うと誰も否定できなくなる。常に世の中を良くするもの、プラスにしていくものだという成長至上主義的な発想があるから、絶対に否定できないものというイメージなんですね。しかし、日本はこの30年間そもそも成長していない。でも生きているし、やっていけているじゃないか、と。目線を変え、拡大再生産ではなく縮小再生産でも暮らしていけるような状態を、成長という概念ではなく、別の表現や考え方に置き換えたら、もっと楽に生きられるんじゃないかと思うんです」

安倍政権は2度目の東京五輪開催を積極的に先導するなど、その在任期間にわたって終始、「高度経済成長をもう一度」という政権だった。50年後も人口1億人を維持することを目指したが、むしろ別のベクトルで国民生活に幸福感やゆとりをもたらす、という選択肢を模索する道もあったのではないか。

50年後の将来に日本の総人口が9000万人を割り込むだろうことは、国立社会保障・人口問題研究所の推計で2017年にはわかっていた。

「人口8000万人の日本をシミュレーションして、10年後の国民の不安に応えるような国家像を見せたらどうか」

政権への明確な対立軸を打ち出せない野党に対し、ゲンダイ紙面（２０２３年2月1日発行）で政治ジャーナリストの角谷浩一氏がそんな提案をしつつ嘆いていたが、同じことは政権与党についても言える。

「幸福」の形は人それぞれ。１００人いれば１００通りある。「８０００万人の幸せな国」を将来の国家像として設定したら、政府が作る政策も、国会での議論もまったく違ったものになってくるだろう。ただただ、すでに破綻している社会保障制度を維持し、30年間効果の出ていない少子化対策を、わずかばかり金額を増やしてやり続けても、明るい未来の光は見えてこない。

ジェンダー平等や夫婦別姓、同性婚の議論が進まない理由

私が「選択的夫婦別姓制度」について初めて取材したのは、大阪のテレビ局で駆け出し記者だった１９９４年2月のことだ。

91年に法務省の法制審議会で民法の「婚姻制度等の見直し審議」が始まり、94年春には有識者会議の試案がまとまるというタイミングだった。85年に日本政府が国連の女性差別

撤廃条約を批准し、その翌年、男女雇用機会均等法が施行されるなど、日本社会における「男女平等」や「男女共同参画」という意識の芽生えの延長線上に、「選択的夫婦別姓」の議論もあった。

当時は、会社勤めの女性の「旧姓使用」もまだ珍しい時代だ。国立大の女性教授が仕事上での旧姓使用を求めて裁判を起こしていたが、「同じ姓で夫婦の一体感が高まる」として東京地裁は93年11月に訴えを棄却していた。

取材では様々なカップルに話を聞いた。結婚式場の予約に訪れていた男性は、「日本は結婚によって、その家の者になるという風習がある」と答え、女性は「名前を変えることはあまり気になりません」と当たり前のように答えた。

一方で、旧姓を通称として使って働く百貨店の女性社員は、「名前は上下セットでつながってひとつのものになっている。別々の名前を名乗っていても夫婦という事実は変わらない」と話していた。

それから約30年。「選択的夫婦別姓」をめぐる日本の風景はまったくと言っていいほど変わっていない。民法の改正がいまだ実現していないことには驚くしかない。

1996年に法制審議会は5年余の審議を経て、選択的夫婦別姓制度導入を答申したものの政府は動かず、夫婦別姓を認めない日本の民法規定が差別的だと、国連から何度も勧告を受けている。

今や内閣府調査以外の各種世論調査では、6〜7割が「選択的夫婦別姓」の導入に理解を示している。自らの生活に関係する若い世代になればなるほど、その傾向は高い。それに、あくまで「選択的」なのだから、現実に法改正されても過半数の夫婦は同姓を選ぶ可能性が高いと見られている。「選択的夫婦別姓」を認める方針を打ち出している連立与党の公明党から「自民党も社会の変化などを直視して時代に合った判断をすべきだ」（山口那津男代表）と促されているのは皮肉でしかない。

夫婦別姓制度導入の機運が高まった90年代半ばと比べて、2023年の今の方がむしろ自民党内に反発や嫌悪感を示す空気が強いのを見て、安倍政権の罪を意識せざるを得ない。夫が働き、妻は家で子育て、男女の役割分担を求める古い価値観や家父長的な家族観が、今も自民党に根強く残る。第2次安倍政権以降は、自民党内は安倍氏と思想を同じくするガチガチの保守派が力を増し、世界の潮流や時代に逆行して、保守的な傾向がむしろより強まっている。

23年2月に、ＬＧＢＴＱなど性的少数者や同性婚をめぐり差別発言をした岸田首相の秘書官がスピード更迭された一件も、そうした自民党の古い価値観を想起させた。

経産省出身の荒井勝喜秘書官の「隣に住んでいたら嫌だ。見るのも嫌だ」という発言は人権意識の欠如極まりなく、「ついに自民党内だけでなく、首相官邸で働く官僚にも伝播してしまったか」（経済官庁の官僚ＯＢ）との声があった。

岸田首相は自民党の有志が21年4月に設立した「選択的夫婦別氏制度を早期に実現する議員連盟」の呼びかけ人の1人だが、同年10月の首相就任後は夫婦別姓に明確な態度を表明していない。同年10月の総選挙時に日本記者クラブで行われた党首討論では、選択的夫婦別姓を実現する法案とＬＧＢＴの理解増進法案を翌年の通常国会に出すことに賛成かどうかの質問に対して、岸田首相だけが手を挙げなかった。

共産党の小池晃書記局長が、「2年前の参院選挙の時の党首討論で選択的夫婦別姓に賛成か反対かを問われて、安倍元首相だけが賛成に手を挙げなかった。その光景と重なって見えて、岸田政権はやはり『第3次安倍政権』だなということがよくわかった」と発言していたのは正鵠《せいこく》を射ている。

岸田氏は同性婚についての国会答弁で「社会が変わってしまう」と否定的な姿勢も示し

ている。党内リベラル系の宏池会ながら、保守派の顔色をうかがい、宗旨替えしたのか。いずれにしても、社会の多様性や人権についての確固たる自身の考えがないのだろう。

自民党女性議員の本音。なぜ国会議員に女性が少ないのか

もちろん、自民党内にも伝統的家族観に固執することは社会が多様化している今の時代に合わず、弊害ばかりが顕著になっていくことを理解している男性議員はいる。しかし、安倍政権時代に強まった保守化傾向に選挙対策も絡み、議員は声を上げない。「女性は家庭」が当たり前で育った世代が党内で実権を握り続けていることも自民党の古さの一因だ。

そして、自民党で意識改革が広がらないのは、女性国会議員の少なさと相関関係があると私は考える。

内閣府の男女共同参画局が2023年8月にまとめたところによれば、女性国会議員は、衆議院が464人中48人、参議院は247人中66人。衆参合計114人だ。比率にすると、衆院は10・3%、参院は26・7%で、衆参合わせて16・0%である。

このように国会全体で女性議員は2割に満たない。その点では他党も努力不足なのは間違いないが、圧倒的多数の国会議員を抱える自民党は所属する全381人に対し、女性は

衆院21人、参院24人の計45人で、比率は全体平均より低い11・8％だ。衆院に限ればわずか8％しかいない。

ようやく自民党は、23年6月に党改革として「女性議員の育成、登用に関する基本計画」をまとめ、「今後10年間で女性国会議員の割合を30％に引き上げる」という目標を掲げた。活動費の支援策も創設する。これまで女性議員を増やすことにほとんど関心がなかった自民党が、こうした数値目標を支援策とセットで打ち出したことは歓迎されるが、10年後に30％とは、あまりに遅すぎるし、どうして思い切って「50％」と打ち出せないのか。茂木敏充幹事長は「レベルの違った改革を党として進めていきたい」と言ったが、そんな胸を張れるレベルではない。

グローバルでは、国際的な議員交流団体「列国議会同盟（IPU、本部スイス・ジュネーブ）」の2023年の集計によれば、世界の下院（衆議院）における女性議員数で、日本は186カ国中164位と下位に沈んでいる。世界経済フォーラムの2023年「ジェンダーギャップ報告書」でも政治分野は146カ国中、138位だ。

政党に男女同数の候補者擁立を促す「政治分野における男女共同参画推進法」が2018年に制定されたが、罰則がないのでなかなかエンジンがかからず、施行後初の2021

年の衆院選では、候補者の女性比率はほとんどの党で5割にほど遠かった。中でも自民党は現職が多いこともあり、女性の擁立に消極的だった。

こういう党の現状を自民党女性議員はどう見ているのか。

取材で本音に触れたことが何度もある。ある中堅議員は自嘲気味に語った。

「国会議事堂に女性トイレがなかった時代からすれば、政界も少しは進歩しているとは思いますが、侮辱されているなと感じるのは、閣僚ポストの『女性枠』という発想です。自民党内では当選5回以上が入閣の適齢期とされてきた。最近は一本釣りの抜擢で4回以下の入閣もたまにありますが、やはり原則は5回以上というのが共通認識です。ところが女性は例外で別枠扱い。当選3回程度でも選ばれる。特に安倍政権時代に『女性活躍』を打ち出していた頃は、まず『今回は何人女性を入れる』という『枠』を決めて、ならば誰、という人選だった。女性を登用してもらうのは嬉しいですが、個人の能力を見て判断してもらっているのではなく、〝花を添える〟意味合いなのかな、と。それに、男性に媚びる女性の方が登用されやすい。まあ、『女性がいる会議は時間がかかる』と発言した森喜朗元首相が、いまだ総理に助言したり、派閥に影響力を持っている党ですから」

稲田朋美衆院議員がゲンダイのインタビュー（2020年1月23日発行）で語ったエピ

ソードがわかりやすい。地元（福井）はとりわけ保守的だと前置きして、こう続ける。

「自民党が強い地域なんです。年末年始に帰ると、政治的な集会で私の話を聞いている人はほぼ男性。女性は賄いをしているんですね。集会の半分くらいを女性が占め、男性もエプロンをかけて豚汁を作ったりする。そういうふうに風景を変えたいと思うんです。（中略）女性活躍にしても、現状の固定的な雇用制度では難しい。雇用改革に切り込み、日本の生産性を引き上げ、財政再建にもつなげていく。日本の風景を変えるキーワードが女性活躍なんだと考えるようになりました」

国際社会からの厳しい視線もあり、23年9月の第2次岸田再改造内閣で、過去最多タイの5人の女性議員が閣僚に起用された。閣僚枠の19人から考えれば、もっと女性大臣が増えていいし、これが一時的ではなく、女性大臣が半数ぐらいいるのが当たり前の光景になって欲しい。

しかし、閣僚に続く副大臣・政務官人事では、計54人のすべてが男性議員で女性議員はゼロになってしまった。岸田首相は「チームとして人選を行った結果だ」と強弁したが、こうなると過去最多タイの女性閣僚も、宣伝効果を狙っただけの「数ありき」だったと自ら暴露してしまったようなものだ。

一連の流れの中で、特にがっかりさせられたのは、内閣改造後の記者会見で、岸田首相が女性閣僚について「女性ならではの感性や共感力を十分発揮していただきながら、仕事をしていただくことを期待したい」と発言したことだ。自民党の古い〝オッサン政治〟の本音が出てしまった。岸田首相本人はその「違和感」を、何ひとつ感じていない。

少なくとも言えることは、安倍政権以降で多用されている「女性を活用する」だの、「組織の何割を女性にする」では、所詮それを言い換えるならば「あくまでも男性が中心で上に立って、上から目線で女性にポジションを与えてやること」でしかない。

そうした「男目線」を跳ね返し、本当に女性が力を発揮する社会を実現するための象徴は、やはり女性が名実ともにトップに立つこと、要は、「女性首相」を誕生させることしかないのかもしれない。

第5章　失われた自民党の矜持——終わりの始まり

「安倍一強」と言われた首相も、2020年８月28日に辞任を表明。記者会見が大型ビジョンに映し出された＝東京都新宿区のアルタ前

指名されないゲンダイ記者

政治の節目に行われる首相の記者会見は、首相官邸の記者クラブ（内閣記者会）に所属していないメディアや登録済みのフリーランス記者も参加できる。ただ、コロナ禍以降、記者クラブ以外の記者は、抽選により毎回10人ほどに限定されている。

日刊ゲンダイは「日本雑誌協会（雑協）」に加盟しており、雑協を通じてほぼ毎回、参加を申し込んでいるが、抽選に当たるのは2回に1回。抽選に当たって出席しても、一度も質問できたことはない。どんなに挙手を続けても、司会を務める内閣広報官が指名してくれないのだ。

記者会見は「予定調和」だ。まず幹事社が質問し、記者クラブの全国紙や東京キー局の記者が複数人指名された後、海外メディア、地方紙、インターネットメディア、フリーランスと続き、最後に再び全国紙で終了する。幅広く質問を受けているように見えて、実際はパターン化されている。雑協の記者が質問できることはほとんどなく、ましてやゲンダイ記者は絶対に指名されない。どんな質問が飛ぶかわからないから怖いのだろうか。

正直、首相の記者会見はテレビやネットで視聴できるので、質問できないのにわざわざ出席するのは時間の無駄だが、参加しなければ権力側の思うツボだ。「常に見ているゾ」という意思表示のためにも、参加申し込みを続けている。

ある日、30代のゲンダイ記者が首相会見終了後に内閣広報官に話しかけようとしたら、広報官は無視して去っていったという。そこまで嫌わないでも……、と苦笑するしかない。

自民党議員・職員の懐の深さ

政権に厳しいスタンスを取るゲンダイ記者は自民党議員に煙たがられそうだと思うかもしれないが、実はそうでもない。自民党議員は案外、懐が深い。長く政権与党であるため、幅広い有権者を代表している意識が強いベテランになればなるほど分け隔てがない。かつての自民党には、権力は批判されて当然、との認識もあった。

それは自民党職員も同様で、政局や選挙取材などでいつも私に貴重な視点を与えてくれたのは、党本部や東京都連の職員だった。そこは組織を超えた人間同士の付き合い。いろいろと勉強させてもらった。

だが一方で、これまで書いてきたように、２０１２年末からの第2次安倍政権時代に自民党は劣化が進んだのではないか、という思いも持っている。庶民生活を顧みず、野党を軽視し、唯我独尊《ゆいがどくそん》になっているのではないか。

政権発足から半年後の2013年8月19日発行のゲンダイ1面で、政治ジャーナリストの泉宏氏がこうコメントをしていた。

「佐藤内閣から40年政治を見てきましたが、いまは内閣も自民党内も『物言えば唇寒し』みたいになっている。つまり、誰もトップに逆らわない。こんな異様な状態は初めてです。かつては閣内にいても、首相に対し言うべきことはしっかり言う大臣がいた。『私は賛成できない』と辞任した閣僚もいました。それなのに、いまは情けないの一語です」

「自民党の3分の2は安倍さんのやり方に本音では反対ですよ。しかし、高支持率に加えて、野党がだらしないから、安倍政権は今後、最長5年8カ月の長期で続く可能性がある。だからみな、安倍さんに睨まれたら冷や飯を食わされる、と黙ってしまう。それでどの派閥も長いものに巻かれろになっているのです」

実際に、その通りになった。最長5年8カ月どころか、2期6年だった自民党総裁の任期を3期9年まで延ばし、7年8カ月の憲政史上最長の政権を築いた。政高党低と一強政治で、安倍首相は〝絶対的存在〟になり、その結果、自民党内の活力が大きく失われた。

権力に執着するエネルギー

〈自民党は何かあると、総務会のメンバーでもない議員まで全部やってきて、自分の意見を主張する。……こんなに激しくやり合うんだと、そばで見ていて驚いた。だけど、結論が出てしまえば、賛成派も反対派もそれで引く。勝った方も負けた方も、遺恨を残さなかった。（中略）そこが自民党なんだな。野党とは違うところだ。どんなにガチャガチャ揉めても絶対に割れないんだから。つまり権力は絶対に手放さない〉

２０１７年12月に出版した拙著『小沢一郎の権力論』（朝日新書）で、小沢一郎衆院議員がそう語っていた。

権力への執着――。小沢氏によって、２度政権から引きずり降ろされた自民党だが、いずれも1年10カ月、3年3カ月という短期間で政権に復帰した。特に前者は、55年体制で長年、与野党に分かれて対峙してきた社会党の党首を首相に担いだ自社さ政権（自民党・社会党・新党さきがけ）という驚きの連立だった。

自民党はその後、公明党を取り込み、自公連立政権は途中の下野を除いても20年以上続いている。１９９０年代に自民党は政教分離問題で公明党を徹底的に批判した。そんな政敵とも、あっさり手を握ってしまうのが自民党だ。

権力のためなら手段を選ばない。もちろん是非はあるものの、その執念とエネルギーはものすごい。

そこまでして政権に執着するのはなぜか。与党の〝うまみ〟とは何か。簡単に言えば、いわゆる「政官業のトライアングル」である。分野ごとに利害を持つ族議員と担当官庁の役人、利益団体の代表が、一緒になって政策を決定し、予算を動かす。自民党政権お得意の利権の構図である。

役所は自らの権限、財源を確保するために政治家の力を利用し、関連業界に補助金や公共事業を配分する。それを受注するために、企業や団体は政治家に政治献金や選挙の票を提供し、役人の天下りを受け入れる。政治家は企業や団体の面倒を見て資金と票を得る一方、役所の人事権を握り、法案や予算の審議で役所に恩を売る。三者は互いに利用し合い、揃って利益にあずかるという互助関係にある。

昔ながらの「政官業のトライアングル」が連綿と続くのが自民党政治であり、これを死守することが絶対なのである。

中堅・若手は、なぜ活力が低下したのか

そうした権力への執着が「安倍一強」を生んだ。

自民党議員が安倍首相に言いたいことも言わず、おとなしくしてきたのは、政権のスタート以来、内閣支持率が高かったことと、「安倍首相は選挙に強い」という神話が作られたからだ。

野党の体たらくもあり、実際、安倍政権は国政選挙で6連勝した。

「選挙に強い安倍政権ならば、ずっと与党でいられる。権力の座から再び引きずり降ろされるのは絶対にごめんだ」

自民党内にそうした議員心理が強く働いたのである。

２００９年９月から３年３カ月続いた民主党政権下での悲哀が、トラウマとなって重くのしかかっていた。

野党となった当時の自民党議員らから聞かされたのは、こんな愚痴ばかりだった。

「レクをお願いしたら課長しか来てくれなかった。与党の時は局長だったのに」

「予算編成の季節なのに党本部は閑散としている。陳情の団体の姿がどこにもない」

普通に聞けば、そんな大仰なことなのかと思ってしまうが、自民党議員にとっては、ちょっと呼べば局長が飛んできたり、業界団体が陳情にやってきたりすることこそが権力の源泉だっただけに、耐え難い屈辱を味わった3年間だったのだ。

それが逆バネとなって、自民党が早期の政権復帰に漕《こ》ぎ着けた面もあるだろう。しかし、与党でいられるならば、黒を白と言おうが、何でもアリの政党に変わってしまった。そうなると、国政選挙に勝利して与党で居続けさせてくれる安倍首相に文句を言う人は誰もいなくなる。

そもそも論として、総理総裁に権力が集中し、衆議院議員が小粒になったのは、小選挙区制に問題がある、との解説もある。

中選挙区時代は、同じ選挙区で自民党から複数が立候補し、党内で当落を競った。それで派閥間の勢力争いが激しくなり、資金力でしのぎを削って金権政治が横行した側面もあったのだが、小選挙区制に代わり、選挙区の自民党候補は1人だけ、戦う相手は他党の候補者になった。1人しか出馬できないので、公認権を持つ総裁や幹事長の力が必然的に強くなる。現職議員といえども、党幹部に目をつけられないよう従順でなければ、公認を外されかねない。結果、政府や党の方針に苦言を呈する跳ねっ返りは、個人名で当選する力のある選挙に強い議員などに限られるようになってしまった、というのだ。

確かに、選挙制度に一因はあるのかもしれない。ただ、それでも、1996年に小選挙区制に移行した後でも、中堅や若手議員が、党の上層部に対して積極的に提言したり、物申したりする場面はあった。

例えば、「政策新人類」と呼ばれた若手たちを覚えているだろうか。バブル経済崩壊後の金融機関の不良債権処理や破綻処理をめぐって、1998年のいわゆる「金融国会」で中心的な役割を果たした。金融再生法の成立に貢献したのは、塩崎恭久《やすひさ》氏や渡辺喜美氏など当時当選1、2回の議員だった。自民党内の若手政策グループ「NAIS（ナイス）の会」には塩崎氏、石原伸晃氏、根本匠氏とともに、当選2回の安倍氏も名を連ね、積極的に政策提言していた。

参議院で多数を得るなど民主党が勢力を増した2000年代には、5000万件以上の持ち主のわからない年金記録が見つかった「消えた年金問題」や、構造計算書の偽装により建築基準法で定める耐震基準に満たない不動産物件が見つかった「耐震偽装問題」などで長く続く自民党政権への世論の不満が高まった。これに危機感を抱いた中堅・若手議員が党改革を掲げてガンガン意見を言い、党を刷新するとして世襲候補の立候補制限や総理経験者に引退を促すなどの声を上げたりした。

ところが第2次安倍政権以降、自民党の若手にそういった活力は見えない。小選挙区制以外の理由があると考える方が自然だ。

「安倍さんという人は、本当に恐ろしい人なんですよ」

安倍氏の性格に起因する部分もあるのだろうか。若手議員から興味深いエピソードを聞いたことがある。

前述した「消えた年金問題」や「耐震偽装問題」などで自民党への世論の風当たりが強くなり、次の総選挙で自民党が下野するのはほぼ確実となっていた09年頃のことだ。党改革として世襲制限や総理経験者に引退を促すなどの声を上げていた自民党議員らがメディアに頻繁に取り上げられていた。ある日、そのうちの1人の携帯電話が鳴った。安倍氏からだった。

「君はいろいろな発言をしているようだね。雑誌にも出ていたね。君の選挙区に○○会社の大きな工場があるよね。○○会社の社長は私の支援者だから、よろしく言っておくよ」

こんな内容だったという。

この若手は安倍氏とは別の派閥に所属しており、総理経験者である安倍氏は雲の上のような存在で、話などしたことはなかった。

「党改革？　総理経験者は引退？　私に引退しろということか。そんなことを言っていたら、選挙がどうなるか、わかっているだろうね」

そんな〝恫喝〟が聞こえてくるようだ。この若手は09年総選挙で落選した。

安倍氏を敵に回したら恐ろしい——。これも自民党の活力低下の一端なのだろう。

国葬問題で村上誠一郎衆院議員を処分

憲政史上最長の政権により、自民党は「物言えば唇寒し」が常態化した。驚いたのは、安倍氏の「国葬」についての発言をめぐって、「処分」まで行われたことだ。

「国葬」に対しては、その基準や手続きの不透明さ、税金を使うことなどに批判が多く、実施には世論の過半数が反対していた。そんな中で、言葉狩りのような処分が行われたのは異様だった。

２０２２年10月14日発行のゲンダイ1面からの抜粋である。

〈国賊を「国賊」と呼ぶのは当たり前〉

「自由」と「民主」を標榜する政党とは思えない決定だ。自民党の党紀委員会はおととい(12日)、安倍元首相を「国賊」と表現したとされる村上誠一郎元行政改革相に対し、1年間の「党の役職停止」処分を全会一致で決めた。

村上は当選12回のベテラン。今回の処分で党の最高意思決定機関である総務会のメンバーから外される。党紀委は「党員たる品位を汚す行為」に当たると判断したが、「自由な言論」を踏みにじる処分の方が、よっぽど品位を汚している。

村上は9月20日の総務会終了後に「安倍国葬」に反対し、欠席する意向を表明。その際、「財政、金融、外交をぼろぼろにし、官僚機構まで壊して、旧統一教会に選挙まで手伝わせた。私から言わせれば国賊だ」と語ったとされる。

村上本人は「よく記憶していない」との認識だが、発言が報じられると党内最大派閥の安倍派は「あり得ない発言」「離党させるべきだ」と猛反発。国葬後の先月29日には、安倍派の議員総会で党執行部に厳正な処分を求めるよう決議し、茂木幹事長が党紀委を開くよう求めたのである。

いつも記者団にエラソーな茂木も最大派閥の意向には逆らえず、ヘーコラ、ヘーコラ。虫唾が走る経緯だが、村上への処分が8段階あるうち軽い方から3番目となったことに、安倍派議員からは「もっと厳しくてもよかった」との声が上がったという。安倍礼賛もここまでくると常軌を逸している。

約1時間半に及んだ党紀委の議論終了後、委員長の衛藤晟一参院議員が明かした議論の説明もふるっていた。

「功績があり、命懸けで国のために取り組んできた（安倍元）総裁に対する極めて非礼な発言で、許し難いという意見で一致した」――。一体、安倍にどんな「功績」があるのか。まずはそこから説明して欲しい。

自民党内では、村上氏の処分について「不適切な発言であり当然」という声がある一方で、「自由な言論を許容する党の精神に反する」との声もあった。

この一件は、自民党の変質の象徴とも言える。

では、どうして変わってしまったのか。

右傾化が加速したのは、2009年の下野時から

1955年の自民党立党時の宣言で示された「党の性格」の最初に掲げられているのは、〈わが党は、国民政党である〉だ。その意味するところは、〈わが党は、特定の階級、階層のみの利益を代表し、国内分裂を招く階級政党ではなく、信義と同胞愛に立って、国民全般の利益と幸福のために奉仕し、国民大衆とともに民族の繁栄をもたらそうとする政党である〉

だが、結党から70年近くとなった今も、胸を張って「国民政党だ」と言えるだろうか。ゲンダイ紙面で何人もの有識者が、「もはや自民党は国民政党ではなくなってしまった」として次のように語っている。

——かつて自民党は自ら「国民政党」と呼んでいたように、もう少し国民の声に耳を傾けていたと思うのですが。

強権政治は安倍さんが顕著だと思います。もちろん転換点は小泉さんくらいから始まっているのですが、あの時は民主党が上り調子だったので、一定のチェック機能が働いてい

た。安倍さんの第2次政権は、民主党政権崩壊後の焼け野原みたいなところで誕生したので、緊張感がないのです。加えて、（現在政権中枢にいる）小泉さんが登用した当時の若手・中堅は、世襲議員や右に寄っている人が多かった。ある種の特権階級意識があるんだと思います。普通の人には興味がないと言いますか、分からないし、ある種の蔑みの対象にさえなっているんでしょう。自分たちと異質なものは、すべて左翼。仲間か左翼か、なんです。国会でのヤジもそうですが、首相でありながら、口をとがらせ、日教組と言う。やはり、ネトウヨが首相になってしまったということです。今までいろんな首相がいましたが、あそこまで知性も品性もない人は珍しい。一方で、それが右寄りの人には支持される。

（上智大学教授の政治学者・中野晃一氏＝２０１５年９月24日発行のインタビュー）

かつて自民党が〝国民政党〟と称されたのは、一人一人の議員が地元に根をおろし、いわゆる〝草の根保守〟に支えられていたからです。有権者に近かった。と同時に、右から左まで、幅広く政治家が揃っていた。ところが、この5年間で党内から多様な意見が消え、皆、安倍首相のイエスマンになっている。自民党は一色に染まっています。

（政治評論家・森田実氏＝２０１８年６月26日発行）

昔はもう少し党内に闊達な議論があったものですが、今の自民党は正論も言えないヘタレ集団に堕しています。岸田政調会長のように保身第一でスリ寄る無節操議員と、同性カップルを「生産性がない」と侮蔑した杉田水脈議員のような安倍チルドレンが大多数を占めている。かつて国民政党と呼ばれた面影はどこにもありません。国民と乖離し、安倍首相を神のように崇め奉る北朝鮮も顔負けの異常集団に変質してしまいました。右向け右で、安倍首相と同じ方向を向いていることがアイデンティティーになっている。

（政治評論家・本澤二郎氏＝2018年8月17日発行）

総裁選は自民党の終わりの始まりです。健全な保守は崩れ、残っているのは歪んだ保守だけ。そんな実態が浮き彫りになりました。どの候補も日米同盟一本槍で、集団的自衛権の行使を容認し憲法を変えるという。中道左派的な部分はなくなり右翼的な支持層にだけ訴える弱小政党に変貌したのです。かつての国民政党としての面影は、もうありません。

（法政大学名誉教授の政治学者・五十嵐仁氏＝2012年9月26日発行）

最後の五十嵐仁氏のコメントは、２０１２年、つまり自民党が政権に復帰する前のものだ。自民党の右傾化は、第２次安倍政権時代に大きな振れ幅となったのは間違いないが、もともとの保守がウルトラ保守へと加速したのは、実は、民主党政権下の野党時代だった。

中道リベラル路線の民主党政権に対抗するために、力強い別の「軸」を打ち出す必要性があったうえ、世界的なナショナリズムの高揚にもマッチした。日本はバブル崩壊後の失われた20年にあり、経済成長路線に戻すことができず、大国からの脱落が迫ってくる中で、「日本はすごい」論が台頭してきた頃でもあった。

野党時代の右傾化は、ストレートに言えば選挙対策だった。

09年9月に民主党政権が発足すると、当時の小沢一郎幹事長が導入した「陳情一本化ルール」や「議員連盟の整理・統合」を通じて、自民党からの〝組織票剝がし〟が行われた。翌10年7月の参議院選挙前には、長年、自民党の支援を続けてきた農協（ＪＡ）グループの政治団体「全国農政連」が自主投票を決定し、「全国商工政治連盟」「全国土地改良政治連盟」が、自民党公認の比例候補擁立を断念した。「日本医師連盟」や「日本歯科医師連盟」は自民推薦を撤回し、組織内候補を民主党から擁立した。

自民党支持団体が徹底的に切り崩される中で、民主党へ〝浮気〟しなかったのがガチガチの保守票と宗教票だ。神社本庁の政治部門である神道政治連盟（神政連）、その神社本庁はじめ右翼宗教団体が支える日本会議、旧統一教会（世界平和統一家庭連合）など、安倍政権時代に頻繁に名前が登場した団体がその中心である。

もともと、安倍氏の出身派閥である清和会（清和政策研究会）は、自民党主流派だった経世会（現・平成研究会）や宏池会などと比べ、利権も票田も少なく、生き残るために宗教組織と結びついてきたとされる。さらに安倍氏自身が、祖父・岸信介元首相の代から宗教団体との関係の深い世襲議員だ。

自民党が「公益及び公の秩序に反しない限り」など、個人より国家に重きを置いた文言が際立つ、かなり保守的な「憲法改正草案」をまとめたのも野党時代である。

こうして、民主党政権に対峙するため、戦略的に右寄りの保守系支持層の取り込みに走ったわけだが、世界的に社会の分断が加速する時代背景も相まって、自民党は再び政権に返り咲いても、保守系支持層を重視する姿勢は変わらず、かつての国民政党の姿からどんどん遠ざかった。

旧統一教会問題に見る保守派の正体と打算

2022年7月8日に安倍氏が銃撃され、逮捕された山上徹也被告が犯行理由として「旧統一教会に恨みがあり、安倍元総理とつながりがあると思った」と語ったことで、安倍氏や自民党と旧統一教会との関係、宗教団体との関係に注目が集まった。

2023年2月10日発行のゲンダイ1面記事を抜粋する。

〈統一教会、日本会議とズブズブ　自民党保守派の正体と家族観〉

自民党が政権に復帰し、第2次安倍政権になると、そうしたアナクロニズムがますます強まる。17年3月、「教育勅語を学校教材として使うことを否定しない」と驚愕の閣議決定をしたことを覚えているだろうか。言うまでもなく「教育勅語」は戦前・戦中の軍国主義と結びついた教育理念だ。親孝行などの徳目を説く一方、危急の事態では「公に奉じ」皇室を助けるべきだとした。戦後、1948年に衆参両院で排除や失効が決議されている。

そんなものを礼賛したわけだが、以降、安倍を後ろ盾に、危うい思想が自民党内で跋扈する。昨年3月には、前出の保守派議員・西田（西田昌司参院議員）が国会の憲法審査会の場で、「日本の文化で一番大事なのは教育勅語に書いてある家族主義、家族と伝統を大事にすることだ」と持論を展開したのだから世も末である。

立正大名誉教授の金子勝氏（憲法）はこう言う。

「自民党の保守派は、大日本帝国時代の家父長制をいまも思い描いているのですよ。天皇を国家の家父長とし、男性を家庭内の家父長として統括。男性が女性を支配する。時代錯誤の体制です。こうした仕組みが、政権運営や政権維持に都合がいいということもあるでしょう。そして、『家制度』を守るという思想は、統一教会（現・世界平和統一家庭連合）系の政治団体『国際勝共連合』と同じです。教団は女性をターゲットにしている。女性から寄付を巻き上げるには、家父長制が崩れると困る。ジェンダー平等なんて困るのです。そこに、自民党と統一教会が〝手を結ぶ〟理由もあるわけです」

アナクロ家族主義の背景に見え隠れするのが、宗教団体だ。

統一教会系の「国際勝共連合」の公式HPには〈同性婚合法化、行き過ぎたLGBT人権運動に歯止めをかけ、正しい結婚観・家族観を追求する〉と明記されている。昨夏の参院選で統一教会の支援を受けた井上義行参院議員は、教団の集会で「私は同性婚反対を、信念を持って言い続けます！」と声を張り上げて支持を呼びかけていた。

朝日新聞がスッパ抜いた統一教会系の「世界平和連合」が自民党議員の一部と交わしていた「推薦確認書」もそうだ。いわゆる「政策協定」だが、そこに〈LGBT問題、同性婚合法化の慎重な扱い〉という記載があった。自民党は、こうした政策協定をどの議員が結んでいたのかの調査をせず、ダンマリを決め込んでいるが、教団関連のイベント出席などを含めた党内の〝統一教会汚染〟が180人に及んでいることを考えると、自民党内がなぜLGBT法案に慎重なのかがよく分かる。

伝統的家族観を堅持しようとしているのは、右派組織「日本会議」も同様だ。200人近い自民党議員が議員連盟に名を連ねている。あの森友学園の幼稚園児が「教育勅語」を暗唱していたが、籠池泰典理事長は日本会議のメンバーだった。

さらには、自民党の全国会議員の7割弱が議連に参加する「神道政治連盟」の存在。昨夏の参院選直前に「同性愛は精神の障害、または依存症」などと差別的な記載のある冊子を議員に配っていたことが分かっている。

もっとも、自民党が宗教団体を大事にする理由は前述したように選挙での運動や票にある。旧統一教会側が、教団の関連イベントなどに出席してもらった政治家を〝広告塔〟として利用する一方で、政治の側も、旧統一教会が霊感商法などで問題となっている団体であることに目をつぶってきた。それは、自民党が牛耳られてきたというより、選挙のための打算であり、利用してきたと言った方が正しいだろう。

政治評論家の野上忠興氏は自民党の選挙事情にも詳しく、こう解説する（2022年8月31日発行）。

「2021年の衆院選で自民党は、1万票差未満の勝利が34選挙区、5000票差未満は17選挙区あった。激戦区になればなるほど確実に投票してくれる宗教団体票はありがたい。それに、選挙資金が苦しく、運動員も集まらない中で、熱心に動いてくれるボランティアは貴重です。そうなると、一度でも統一教会と付き合ったら、麻薬みたいなもので、抜けられなくなる。自民党は昔からそういう選挙をしてきた。古手の秘書は『選挙事務所に統一教会派遣のボランティアが出入りしているのは、日常風景だった』と話していました」

雨が降っても槍が降っても自民党に投票してくれる強固な安倍首相支持のいわゆる「岩盤保守層」は「3割いる」と言われた。長く政権を維持するため、安倍氏は常にその岩盤保守層を意識していた。19年の参院選直前には、官邸官僚がこんな話を漏らしていると、私の取材メモにある。

「対韓国で強硬路線を取ることは、安倍首相の主導です。内調（内閣情報調査室）が韓国たたきはどの程度、有権者の投票行動に影響するかをシミュレーションしたら、プラス効果と出た」

安倍一強の下では、安倍首相の考えに近い保守派が重用され、出世し、党内のリベラル派の声はかき消された。「選択的夫婦別姓に反対」「同性婚に反対」は、神政連や旧統一教会の意向に沿う。それは岸田政権で磨きがかかり、ＬＧＢＴＱなど性的少数者への「理解増進法」ですら、保守派に配慮した条文へと修正された。いずれも、世論の多数が賛成、理解を示しているのにもかかわらず、である。

「国民政党であったはずの自民党に声が届いていないと国民が感じている。『信無くば立たず』。政治の根幹である国民の信頼が大きく崩れ、我が国の民主主義が危機に瀕しています。私は、自民党が国民の声を聞き幅広い選択肢を持つ政党であることを示し、もってこの国の民主主義を守るために、自民党総裁選に立候補します」

21年8月に自民党総裁選への出馬を表明した際の岸田首相の演説の一部だ。

ハト派の宏池会の岸田首相に期待した向きは今、裏切られた思いだろう。

本来の「保守」とは？

ただ、私自身もそう書いてはきたが、自民党を右へ右へと引っ張る「保守派」や「岩盤保守層」は本当に「保守」なのだろうか。

自民党が右寄りの支持層を重視して以降に当選したある若手議員は、「保守とは、旧来の伝統や風習、考え方などを重んじて守っていこうとすること」と言った。しかし、自民党の大先輩、保守本流の例えば宮沢喜一元首相は、かつてこう語っている。

「保守とは立ち止まること。立ち止まって考えることである」

1965年の宮沢氏の著書『社会党との対話　ニュー・ライトの考え方』（講談社）の中で、保守をこのように定義している。その意味するところは次のようなものだ。

〈ある不満を取り除こうとする結果、全体のバランスを崩さずに、その点だけの改善が可能なのか、あるいは、その点は改善されても逆に全体的には悪い効果が生まれるのか——そこのところの見通しについてたえず考え、迷い、その果てに改革への決断をする場合もあるし、またしないですます場合もある〉

つまり、「保守」とはただ単に伝統を守るだけではなく、守るために立ち止まって考え、守るためには、変えた方がいいのか、変えないのかを「考える」という態度だということだ。

元参院議員の平野貞夫氏は、著書『わが輩は保守本流である』（五月書房新社）の中で、〈日本では『保守』という言葉がきわめて誤解されています〉として、政治における「保守主義」の理論を作った18世紀の英国の政治哲学者エドマンド・バークの考え方をこのように記している。

〈人間とは矛盾した存在である。人間は変化を嫌う自然的保守性を持つ半面で、新奇なものを求め変化を好み古いものに飽きる自然的進歩性をもっている〉

そして、バークはこう説いているという。

〈保守したければ、改革せよ〉

宮沢氏や平野氏の言う「保守」の理論を、日常生活に照らし、「塀」を例にしてわかりやすい言葉で解説しているのが、自民党元幹事長の石破茂氏だ。安倍氏と石破氏が一騎打ちで戦った2018年の自民党総裁選時に、石破氏についての著書もあるジャーナリストの鈴木哲夫氏がゲンダイ（2018年9月10日発行）で次のように話していた。

「石破さんは『保守とは何か』ということを話す時、『塀』を例に出す。あるところに塀があって、邪魔だから住民は壊したいと言う。しかし、ちょっと待てと。塀ができた時には必ず何か理由があったはず。だからその時代に遡って、なぜ塀ができたのか調べて議論しようと。そうしたら昔、大洪水があって、それを防ぐための塀だったことが分かる。『今の時代は整備されて洪水はない。だから塀を壊していい』『いや、まだ洪水の危険性はある。だから残しておいた方がいいんじゃないか』。こうして結論を得る。これが保守の手続きだと、石破さんは言う。つまり、保守というのは、地域にある伝統や文化やしきたりを、改革すべきものはしっかり改革するけれど、議論してゆっくり改革していく。場合によっては壊さない場合もある。これが保守だと。それに比べて、安倍さんはお構いなしにどんどん壊していくから、どちらかというと、革命、破壊であり、保守ではない」

そうなのだ。今の自民党の〝保守派〟が大声で主張するような復古主義は本来の保守ではない。そもそも、解釈変更という〝禁じ手〟で憲法を破壊し、アベノミクスや全世代型社会保障などのスローガンを掲げて庶民生活を破壊した安倍氏も本来の保守ではない。一方で、破壊の目的は国家の死守。国家あっての国民であり、国民より国家という思考である。

政治評論家の森田実氏は、安倍氏についてこう分析してもいた（2013年12月11日発行）。

「政治用語に『保守』と『反動』という言葉があります。安倍首相は保守気取りですが、完全に反動でしょう。この2つは似て非なるものです。保守とは急激な変化は求めないものの、時代や状況に上手に折り合って漸進的に変化を取り入れていく度量があります。反動は一切の変化を求めません。時代の変化を否定し、歴史に逆行していく。国家体制を変えないために力ずくの政治に走り、そんな強権政治がいつまでたっても通用すると妄信する。それが反動です」

破壊者であり反動――。そう考えると、安倍氏には何か確固たる「保守思想」があったとは思えないのだが。

世襲議員の拡大が活力を削ぐ

最近、自民党の閣僚経験者と会食した際、「息子が政治家を目指している」という話を聞かされた。その議員は地方議員出身のたたき上げだ。苦労して国会議員になり、当選を重ねている。誰にでも職業選択の自由はあり、それは憲法で保障されている。ただ、思わず声に出して言ってしまった。

「政治家になるのはいいですが、世襲はダメです。地盤を引き継いではダメですよ。別の選挙区からの出馬を考えてはどうですか。有権者は世襲議員ばかりが増えていくことに辟易《へきえき》しています」

ちょうど直前にあった衆議院の補欠選挙で、安倍氏の甥で岸信夫元衆院議員の長男である岸信千世氏が世襲批判を浴び、当初の圧勝予想に反して辛勝だったことも念頭にあった。

世襲議員の増殖が、自民党の活力低下の要因のひとつであることは間違いないのではないか。

自民党衆院議員の世襲比率は3〜4割で推移している。1996年に小選挙区制になって、世襲議員がより増えた。小選挙区は小さな王国だ。そこですでに出来上がっている組織を引き継ぎ、知名度があって、資金力もあれば選挙は強い。地盤、看板、カバンの「3バン」が揃っている世襲議員は、初出馬の時点から下駄を履かせてもらっている。

小選挙区制の導入以降、自民党議員の首相は9人いるが、世襲じゃないのは菅義偉前首相、ただ1人だけである（森喜朗氏は父が町長、祖父が村長で「地盤」が重なっているため、広義の世襲に含めた）。世論調査などで「次の首相」として名前が挙がるような次世代のメンメンも、河野太郎、小泉進次郎、小渕優子、福田達夫など世襲議員が多い。

２０２１年の衆院選公示直前の日経新聞（２０２１年10月17日付）の記事によれば、小選挙区制導入以降の8回の衆院選で、延べ８８０３人が小選挙区に出馬し、うち13％が世襲の候補者だ。驚くのは、世襲候補の比例復活を含めたその勝率の高さである。実に8割に達する。非世襲候補の勝率は3割だ。世襲候補は7割が自民党から出馬しているという。

Ｇ7各国との比較でも日本の世襲比率はズバ抜けて高く、他は1割以下だという。銀のスプーンをくわえて生まれてきたようなボンボン政治家に、年金削減や物価高に苦しむ庶民の実態が理解できるのだろうか。

非正規雇用で給料は自分が生活するだけで精一杯。借りた奨学金を何十年もかけて返済しなければならない。子どもをもうけるどころか、結婚したくても結婚できない。若年世代のそんな苦しみも世襲議員には無縁だ。

世襲候補を簡単に当選させてしまう有権者の側にも問題はあるが、これでは庶民感覚と乖離した特権階級の政治が延々と続く。当選回数を重ねる世襲議員が力を持つから、非世襲議員の発言力や影響力は低下し、自民党内は右へ倣えだ。自民党政権は安泰だろうが、日本の政治はますます劣化する。

そんな自民党だが、前述したように党改革の一環で「反世襲」を打ち出したことがあった。09年に民主党に政権を奪われる直前のことだ。民主党が先手を打って、「現職の3親等以内の親族が同一選挙区から引き続いて立候補することを禁止する」という「世襲制限」を掲げたことに対抗する形で、自民党も公約に「世襲制限」を盛り込むことになったのだ。言い出しっぺは当時の菅義偉選対副委員長だった。党内が上を下への大騒ぎになり、麻生太郎首相ら世襲の幹部らは憎まれ口をたたいたものだ。結局、09年総選挙には適用させず、「その次の選挙から」でお茶を濁した。

それでも、引退議員の配偶者と3親等以内の親族を対象に「同一選挙区から立候補する場合、次の総選挙から公認、推薦しない」と公約に書き込んだのだが、喉元過ぎれば何とやらで、民主党政権が有権者からソッポを向かれ、自民党の政権復帰が見えてくると、「世襲制限」は雲散霧消《うんさんむしょう》した。公募という形式を建前にして、世襲は元通りだ。

一方で、世襲議員に対する有権者の不満は依然、強い。

前述した岸信千世氏が薄氷の勝利だった補欠選挙で、選挙区の衆議院山口2区の投票者を対象に行った報道機関の出口調査では、「世襲」について「好ましくない」と答えた人が過半数に達している。

岸田首相が政治経験のない長男を首相秘書官に就けたことにも世論の批判は大きかった。将来の世襲を想定した〝箔《はく》づけ〟が露骨だったからで、その長男が首相外遊時の同行出張で公用車を使って観光していたり、公邸内ではしゃぐ宴会写真を撮っていたりしたことが報じられると、内閣支持率は急落し、岸田首相は息子の秘書官更迭に追い込まれた。

だが、それでも今の自民党に再び「世襲制限」を導入しようという機運はない。09年の時のような政権から追い落とされる恐怖を感じていないからだ。

23年9月に発足した岸田再改造内閣でも、首相を含め閣僚の4割を世襲議員が占めた。有権者の側が先に世襲政治に引導を渡さなければ、この先も何も変わらないだろう。

「個人より組織」の政治は、もう時代錯誤

二度と野党にはなりたくない、というエネルギーが自民党を内向きにし、右向け右の金

太郎アメ議員を量産した。そして、そのエネルギーは自民党を柔軟性がなく、一部の右寄り支持者ばかりを見ている歪んだ保守政党にしていったように思う。安倍政権が想像以上に長く続いたことは、政権与党で居続けるという目的には適ったものの、物事を敵と味方に分ける安倍首相ゆえに、社会の分断を進め、「権力は腐敗する」を地で行く形となった。野党が弱すぎて、健全な批判がないことも自民党の驕りを助長した。

現状を憂いている数少ない自民党閣僚経験者は、

「野党時代はドン底だった。しかし、なぜ野党になったのか、国民に嫌われたのかを忘れてはいけない」

と言っていたが、すべてが2009年以前に逆戻りだ。

業界団体を通じて補助金を配る仕組み。財界や業界団体からの献金で選挙を戦い、世話になった団体の陳情を役所につなぐ仕組み。政官業の癒着は温存され、団体や組織を基準にした予算編成が硬直化した。だが、ものづくり主体からIT・サービスへと産業構造が大きく変化し、政府が率先して雇用の流動化を進める中で、従来型の自民党的な団体・組織単位の分配政策はもはや時代にそぐわないのではないか。

会社への帰属意識が薄くなり、労働組合の組織率も低下している。非正規雇用やシングルマザーも格段に増えている。組織より個人を基準にした予算編成や政策作りがもっと必要なのに、現状維持こそ権力維持と捉え、政官業の利権構造にがんじがらめの自民党に、前向きな変革は期待できない。

ある意味、自民党は野党時代が〝短すぎた〟のではないか。少なくとも、5年、10年の野党暮らしが続けば、政官業のトライアングルは完全にぶった切られ、「シン自民党」として生まれ変わっていたかもしれない。いや、逆に右寄りに振り切りすぎて、極右政党化していたか、それとも党が分裂していただろうか。

野党が弱すぎて、健全な批判がないことによる驕りは、皮肉な結果ももたらしている。外に敵がいないため内部の権力闘争が激化し、ここ3年ほど、地方選での自民党系の分裂選挙が目立つのだ。

20年の富山県知事選。21年は岐阜県知事選、秋田県知事選、兵庫県知事選。22年は石川県知事選、長崎県知事選。23年は山梨県知事選、奈良県知事選、徳島県知事選が分裂選挙となり、奈良では日本維新の会の公認候補が漁夫の利を得た。

組織頼みの自民党が、その組織のまとまりや調整力に欠け、弱体化しているとしたら、野党次第で一気に崩れる可能性もあるのかもしれない。

第6章　メディアを壊したのは誰か——これでいいのか大マスコミ

傍若無人政権は言いたい放題

安倍首相、麻生財務相が相次いで発言した政権に批判的な新聞へのイチャモンとドーカツ

トランプと同じで「批判は許さない」という恐るべき幼稚な王様気取りだが、それを受け入れ、スリ寄る大マスコミの「いつか来た道」

ここまでヘタったかこの国の大マスコミ

かつて「大本営発表」を報じ続けたNHKや大新聞だったが……。＝「日刊ゲンダイ」(2017年12月19日発行)

2014年が、メディア介入の分水嶺

高市大臣「まったくの捏造文書だ」
小西議員「捏造ではない場合は大臣も議員も辞めるか」
高市大臣「結構ですよ」

2023年3月。安倍政権時代に行われていたメディアへの〝圧力〟が、国会の場でにわかにクローズアップされる事態となった。14年11月から15年5月にかけて安倍内閣が放送法4条の「政治的公平」の解釈を変更しようとした経緯が詳細に記された総務省の内部文書を、立憲民主党の小西洋之参院議員が入手。参議院の予算委員会で当時の総務大臣だった高市早苗経済安保相と異例の応酬を繰り広げたのだ。

高市氏が理性を失ったかのような詭弁を繰り返す醜態を続けたため、〝場外乱闘〟に世間の注目が集まってしまったが、ことの本質は時の政治権力による「報道の自由」の侵害、言論弾圧である。安倍官邸と総務相だった高市氏が一緒になって放送法をねじ曲げ、気に

食わない番組への介入を可能にしたことだ。

文書の中身と問題をざっと説明する。

文書の〝主人公〟は安倍政権時の礒崎陽輔首相補佐官。一部の民放テレビ番組を問題視し、放送局を所管する総務省に、放送法の解釈変更を執拗《しつよう》に迫っていた。

「政治的公平」を規定した放送法4条は、従来「放送局の番組全体を見て判断する」と解釈されてきた。ところが、当時の高市総務相が、15年5月12日に「1つの番組でも、極端な場合は政治的公平を確保しているとは認められない」と国会で答弁し、従来の解釈から変わった事実がある（総務省は「これまでの解釈を補充的に説明したもの」と弁解）。さらに高市氏は、翌16年2月、放送法4条違反を理由に放送局に対し電波停止を命じる可能性にまで言及している。これらの背景に、礒崎補佐官の関与があったことを裏づける文書だった。

そもそも、この放送法4条は、政治的公平かどうかを「行政」が判断するという趣旨ではない。それについては後で詳しく述べるが、実はこの問題の隠れた核心は、

①解釈変更に安倍氏の意向も働いていた可能性があること（総務省の調査に、礒崎氏は「安倍晋三元首相にレクをした事実はある」と証言した）。

② 介入の始まった2014年11月という時期。
③ そして、「政治的に公平ではない」ものとして総務相だった高市氏が挙げた次の事例。
「1つの番組のみでも、国論を二分するような政治課題について、放送事業者が一方の政治的見解を取り上げず、殊更に他の政治的見解のみを取り上げてそれを支持する内容を相当の時間にわたり繰り返す番組を放送した場合のように、当該放送事業者の番組編集が不偏不党の立場から明らかに逸脱していると認められる場合」

ちなみに15年5月の高市氏のこの国会答弁は、一言一句、礒崎補佐官と総務省担当者の間で調整された通りに読み上げられている。

安倍官邸には、明確なひとつの目的があった、と見る。

政治とメディアの微妙な関係について、メディアは自らでは語りたがらないし、たとえ他社のことだとしても積極的には触れない傾向がある。放送局を取材するのは新聞社では文化部で、同業者のなれ合いもあってか、厳しく追及するようなことはほとんどない。

そんな中で、ゲンダイは放送局に対する政治介入について頻繁に報道してきた。安倍政権が執拗かつ複合的にメディアを〝恫喝〟し、現場を萎縮させ、羊のようにおとなしく飼い慣らしていった過程を幾度も記事にしてきた。

だから、わかる。2014年がメディア介入が露骨になる分水嶺《ぶんすいれい》であり、安倍氏の側近らの様々な動きは、ひとつの目的を持ってリンクしていたのだ。

安倍側近だった自民党議員がこう漏らしてもいる。

「高市さんは国会で『放送法について安倍総理と打ち合わせしたことはない』と否定していたが、2014年から15年にかけて、個別の番組に対する問題意識について、安倍さんと頻繁にやりとりしていた。安倍さんの周辺では、特定の民放番組を名指しして『左巻きすぎる』『何とかしないと』という話がしょっちゅう出ていました」

萩生田「圧力文書」をスクープ入手

安倍首相は第1次政権が短命に終わった大きな理由に、メディア対策の失敗があると考えてきたのではないか。そこで2012年に再び首相に就くと、真っ先にメディア対策に手をつけたのだ。

官邸がまずやったのは、NHK人事への介入だった。13年10月、会長職の決定権を握る経営委員会に次々と〝シンパ〟を送り込んだ。そのメンバーはかつて安倍氏の家庭教師だった本田勝彦元JT社長、長谷川三千子埼玉大名誉教授、作家の百田尚樹氏など〝お友だち〟。「政府が右と言うことを左と言うわけにはいかない」と仰天発言をした籾井《もみい》勝人会長を誕生させると、NHKは政権の広報機関に成り下がっていった。これで一丁上がりだ。

次はNHK以外の民放。〝裏〟で露骨な介入が始まったのは、14年の総選挙の時だった。同年11月20日、自民党の萩生田光一筆頭副幹事長らが、「選挙期間における放送の公平中立」を求める文書を在京テレビキー局に渡し、報道の仕方に注文をつけたのだ。萩生田氏は安倍首相の側近中の側近であり、当時、自民党の総裁特別補佐（つまり、安倍総裁の補佐役）も務めていた。

ゲンダイはこの文書を入手し、2014年11月27日発行の紙面で報じた。一部を抜粋する。

〈スクープ入手！ 自民党がテレビ局に送りつけた圧力文書〉

「公平中立な放送を心がけよ」——。自民党がこんな要望書をテレビ局に送りつけたことが大問題になっている。

文書は「選挙時期における報道の公平中立ならびに公正の確保についてのお願い」とい

うタイトルで、20日付で在京のテレビキー局に送付された。差出人は筆頭副幹事長の萩生田光一と報道局長の福井照の連名。その中身がむちゃくちゃなのだ。

投票日の12月14日までの報道に〈公平中立、公正な報道姿勢にご留意いただきたくお願い申し上げます〉と注文をつけた上に、〈過去においては、具体名は差し控えますが、あるテレビ局が政権交代実現を画策して偏向報道を行い、（略）大きな社会問題となった事例も現実にあったところです〉とクギを刺している。文中には「公平中立」「公平」が13回も繰り返されている。要するに自民党に不利な放送をするなという恫喝だ。

さらに4項目の要望を列記。露骨なのは〈街角インタビュー、資料映像等で一方的な意見に偏る、あるいは特定の政治的立場が強調されることのないよう、公平中立、公正を期していただきたい〉という要求。この一文は、恐らく安倍首相から直々に注文があったのだろう。11月18日、TBSに出演した安倍首相は、街頭インタビューで一般国民が「景気がよくなったと思わない」「全然アベノミクスは感じてない」と答えると、「（テレビ局の）皆さん、（人を）選んでおられる」「おかしいじゃないですか！」とキレまくり、国民から批判を浴びたばかりだ。安倍周辺は有権者の率直なコメントに神経質になっているという。

テレビ関係者が言う。

「要求を丸のみしたら、安倍首相の経済政策に批判的な人は排除するしかなくなる。街頭インタビューでは、景気停滞に苦しむ地方の不満や、右傾化路線を批判する声も放送できなくなります」（中略）

きのう（26日）、自民党幹事長室に要望書の真意を問いただしたところ、「質問を文書にして送れ」と要求した上、質問状を送ったら、「取材にはお答えできません」との回答だった。このペテン政党に、国民は正義の鉄槌を加えなきゃダメだ。

スクープ時のゲンダイの見出しでは「テレビ局に送りつけた」となっているが、後の取材で「送りつけた」のではなかったことがわかった。萩生田氏は「平河クラブ」と呼ばれる自民党担当の政治記者たちが集まる記者クラブにいる在京テレビ各社のキャップを呼び出し、直接、文書を「手渡していた」のだ。

「わかっているだろうな」という暗黙の恫喝……。なおタチが悪い。

あるテレビ局では、「受け取った平河キャップがビビッて、当日のニュースで放送予定の街頭インタビューから直前に2人をカットした」と関係者が明かした。

自民党から文書を受け取ったことを自社のニュースで報じたテレビ局は1社もない。騒ぎが大きくなってから、TBS系の「報道特集」でキャスターの金平茂紀氏が触れて問題提起し、田原総一朗氏が自身が司会を務めるBS朝日の番組内で触れたぐらいだった。

ゲンダイの記事にある通り、自民党がここまで具体的な要求を突きつけたのは、安倍氏が衆院解散を表明した11月18日夜にTBS系「NEWS23」に出演した際、VTRで流された街頭インタビューに〝ブチ切れた〟ことが引き金になっただろうことは想像に難くない。

だが、恫喝はこの1回では終わらなかった。感情的になった安倍氏の一時的な注文などではなく、確固たる意図があったと思われるのだ。

「報ステ」には個別に要請書

自民党は、在京テレビキー局に「政治的公平」を求める文書を手渡した6日後、テレビ朝日の「報道ステーション」の担当プロデューサー宛てに、別の文書を送っていた。衆院選からしばらく経って、ゲンダイは問題の文書を独自入手し、報じている（2015年4月10日発行に一部補足）。

〈番組プロデューサーは飛ばされた　安倍自民党「報ステ」に圧力文書〉

文書が送りつけられたのは、２０１４年11月26日。11月21日に衆院を解散した直後だった。自民党の福井照報道局長の名前で、「報道ステーション」の担当プロデューサーに送られている。

文書は、〈11月24日付「報道ステーション」放送に次のとおり要請いたします〉というタイトルがつけられ、〈アベノミクスの効果が、大企業や富裕層のみに及び、それ以外の国民には及んでいないかのごとく、特定の富裕層のライフスタイルを強調して紹介する内容の報道がなされました〉と番組を批判。

〈サラリーマンや中小企業にもアベノミクスが効果を及ぼしていることは、各種データが示しているところです〉として、都合のいいデータをわざわざ例示したうえで、

〈アベノミクスの効果については種々の意見があるところです。意見が対立している問題については、できるだけ多くの角度から論点を明らかにしなければならないとされている放送法４条４号の規定に照らし、特殊な事例をいたずらに強調した24日付同番組の編集及びスタジオ解説は十分な意を尽くしているとは言えません〉と、放送法まで持ち出して牽

制している。

テレビ朝日は相当ビビったらしく、安倍自民党に〝恭順の意〟を示すためか、その後、担当プロデューサーには異動を命じている。異例の人事だった。


編集やスタジオ解説など、そんな細かいことまでどうして口出しされなければいけないのか、と思うが、この記事でわかる通り、2015年5月の高市総務相の答弁（政治的公平の解釈変更）より前に、自民党は「放送局の番組全体」ではなく「1つの番組」に文句をつけていたわけだ。

さらに、「2014年11月26日」「放送法4条4号」「意見が対立している問題」という部分が肝だ。

前述した総務省の内部文書によれば、安倍官邸の礒崎首相補佐官が、放送法の「政治的公平」について総務省に解釈変更を迫る〝起点〟が、2014年11月26日だったのだ。

その直前の11月23日、礒崎氏は自身のツイッター（現X）でTBS系「サンデーモーニング」について、〈日曜日恒例の不公平番組が、今日も、放送されています。仲間内だけで勝手なことを言い、反論を許さない報道番組には、法律上も疑問があります〉と投稿している。

つまり、萩生田氏の在京テレビキー局への文書も、「報ステ」宛ての個別文書も、礒崎氏の総務省への接触も、いずれも14年11月なのだ。同じタイミングで自民党と安倍官邸が放送局への具体的な〝圧力行動〟を開始していたのは、一体なぜなのか。

「安倍氏を喜ばせるための側近の寵愛争い。萩生田氏と礒崎氏の動きはリンクしていない」と解説する安倍派議員もいるが、14年11月が、衆院解散直後というだけでなく、安倍政権においてどのような時期だったかを思い返せば、両者のリンクは合点がいく。

14年7月に安倍内閣は、憲法9条の解釈を変更して、集団的自衛権の行使容認の閣議決定を強行した。同年12月には特定秘密保護法を施行、翌15年9月の通常国会で安全保障関連法の制定も強行採決している。

要するに、安全保障法制の議論を進めるにあたり、メディアがその賛否について〝騒がしく〟報道し、世論を喚起されては困るため、早めに圧力をかけて言論統制しよう、という意図があったのではないか。

すでに、集団的自衛権の行使容認や特定秘密保護法をめぐって、「国論を二分」する状況が起きていた。安保法制の議論が進めば、さらにエスカレートする可能性が高い。そこで、放送法4条を持ち出し、世論への影響力の大きいテレビ局に先手を打って釘を刺したというわけだ。「国論を二分するような政治課題」「意見が対立している問題」などの文言でテレビ局を威圧したのは、そういう理由からだ。

圧力がエスカレート

翌2015年になると、政権にとって都合の悪いキャスターやコメンテーターがテレビ画面から一掃され始める。安倍政権やその応援団によるメディアへの圧力はどんどんエスカレートし、メディア側はますます萎縮していった。

安倍官邸や自民党に「けしからん番組」と目をつけられていた「報道ステーション」では、元経済産業省官僚の古賀茂明氏が15年3月末で降板した。「イスラム国」に拘束された後藤健二氏の安否が心配されていた頃に、古賀氏が、「日本人は『イスラム国と戦う』と言っている安倍さんとは違う」という意味を込めてテレビで「I am not Abe」と発言したことが官邸の逆鱗に触れたと見られる。番組放送中に官邸の菅義偉官房長官の秘書官からテレ朝サイドに抗議メールが入ったという。

古賀氏が「報ステ」の最終出演日に官邸からの圧力に触れた際には、菅官房長官は記者会見で「まったくの事実無根」と否定するとともに、「放送法があるのでテレビ局がどのような対応を取るのか、しばらく見守りたい」と発言してもいる。

「報ステ」では、同じく15年3月末で朝日新聞の恵村順一郎氏もコメンテーターを降板、自民党の圧力文書の宛先だったチーフプロデューサーも交代となった。

4月になると、自民党がテレ朝とNHK（当時、やらせの疑いのある番組が問題になっていた）の経営幹部を情報通信戦略調査会に呼んで、事情聴取をした。

放送法3条には〈放送番組は、法律に定める権限に基づく場合でなければ、何人からも干渉され、又は規律されることがない〉とあり、政権与党とはいえ「法律に定める権限」のない政党が放送局に対して干渉する権限はなく、異例の呼び出しだった。

5月。高市総務相が参議院の総務委員会で、放送法の「政治的公平」について「1つの番組のみ」でも判断できると答弁。礒崎首相補佐官が求めていた通りに、総務大臣が放送法の解釈を事実上変更したのがこの時だ。

6月。安倍首相と親しい自民党議員ら約40人が開いた勉強会「文化芸術懇話会」で、大西英男衆院議員が「マスコミを懲らしめるには広告料収入がなくなることが一番」と発言したことが明らかになる。大問題となり自民党執行部が関係議員を処分する事態にまで発展したが、これでわかったのは、幹部でもない議員までもが「言論弾圧」と取られかねない発言をするほどに、自民党内がメディアへの圧力について麻痺していたというか、日常の光景になっていたことだ。

もっとも、勉強会には、安倍氏側近の萩生田総裁特別補佐や加藤勝信官房副長官も参加していた。これが「安倍首相のお墨付き」なら、議員らの放言も重みが変わってくる。

そして9月。連日、国会を取り囲む反対デモが行われる中、安保関連法が成立した。これでひとつの目的を果たしたが、その後も安倍政権は味をしめたかのように、メディアへの圧力の手を緩めない。

驚愕だったのは、11月に出された新聞意見広告だ。全面広告の形で民放ニュース番組のキャスターを名指しで個人攻撃したのである。

ゲンダイの記事（2015年11月25日発行）はこのように報じた（一部抜粋）。

〈TBS・岸井キャスターを狙い撃ち　異様な意見広告真の狙い〉

今月14日付の産経新聞と15日付の読売新聞に掲載された全面意見広告が大きな話題になっている。「私達は、違法な報道を見逃しません」とデカデカ見出しの意見広告は、TB

Sの報道番組「NEWS23」のメーンキャスター・岸井成格氏を名指しで批判、問題視する中身だったからだ。

全国紙の紙面を買い取って広告を出したのは「放送法遵守を求める視聴者の会」。呼びかけ人には作曲家のすぎやまこういち氏、上智大名誉教授の渡部昇一氏ら〝安倍応援団〟の面々が並んでいた。

彼らが問題にしているのは岸井氏が安保法案成立直前の9月16日放送で「メディアとして（安保法案の）廃案に向けて声をずっと上げ続けるべきだ」と発言したこと。コメンテーターならともかく、番組メーンキャスターである岸井氏がこう言うのは「政治的に公平であることなどを定める放送法に反する」と主張しているのである。

岸井氏といえば、毎日新聞の特別編集委員。読売も産経も、よくもまあ、ライバル紙の個人攻撃広告を載せたものだが、驚くのは早い。自民党の礒崎陽輔前内閣補佐官は早速、「極めて冷静で妥当な意見です」とツイート。与党との二人三脚ぶりをうかがわせた。安倍政権との〝連携プレー〟のにおいがプンプンだ。

「安倍政権や、そのお仲間は全局を〝安倍サマのテレビ〟にしたいのでしょう。安保法案は国民の8割が、なぜ成立を急ぐのかと反対していた。岸井氏の発言は国民の声の代弁です。それなのに、政府に逆らうものはみなダメだと言わんばかり。それもひとりに対して、全面広告を使って、集団で吠えて弾圧しようとしているのは極めて異常なことです。こんな広告を出されて、何も言わなければ、テレビが死んでしまいますよ」（評論家・佐高信氏）

また、だ。ここにもあの、総務省に放送法の解釈変更を迫った礒崎氏が登場する。記事にある通り、「放送法遵守を求める視聴者の会」は民間団体となっているが、意見広告にすぐさま礒崎氏がツイートで反応しているところを見ると、やはり、安倍官邸と自民党が2014年から続けてきた〝メディア統制〟の延長線上の出来事であると疑わざるを得ない。

この直後から岸井氏の「NEWS23」キャスター降板の噂が駆けめぐり、翌16年3月末をもって同番組のメーンキャスターは岸井氏から朝日新聞出身の星浩氏に交代した。

もちろんTBSは、岸井氏交代について安倍政権の圧力や新聞意見広告を理由にしてはいない。

放送局には4月と10月の年2回の番組改編期があり、そのタイミングでキャスターやコメンテーターが交代するのは「番組刷新」の一環としてよくある話ではある。

しかし、16年3月末は、他にも、NHK「クローズアップ現代」の国谷裕子キャスターや「報道ステーション」の古舘伊知郎キャスターも交代した。前年の「報ステ」の古賀茂明氏やチーフプロデューサーを含め、いずれも番組改編期の通常の交代や通常の人事異動という形を取ってはいるが、「報ステ」については前述した通り、安倍官邸や自民党に目をつけられていた。NHK「クローズアップ現代」の国谷氏は、菅官房長官が出演した際の集団的自衛権をめぐるやりとりで安倍官邸を激怒させたとされる一件が尾を引いていたと見られる。放送局側の説明するような「通常の交代」ではないことは疑いようがない。

ついに「電波停止」発言。高市総務相が一線を越えた

2016年2月8日の衆院予算委員会。この日の高市総務相発言で放送業界に激震が走った。

民主党の奥野総一郎衆院議員が、安倍政権に批判的とされるキャスターの降板が相次いでいる状況を指摘し、「電波停止が起こり得るのではないか」と質問した。すると、答弁に立った高市氏は「将来にわたり可能性がまったくないとは言えない」とし、さらに「(放送法は)単なる倫理規定ではなく法規範性を持つ」と踏み込んだのである。

放送は総務省が所管する許認可事業であり、電波法には総務相が電波停止を命じることができる規定がある。

つまり、総務相が、放送局が「政治的公平」を欠く放送を繰り返したと判断した場合、放送法4条違反を理由に、電波法76条に基づいて電波停止を命じる可能性があるということを明言したわけだ。

そして、「政治的に公平」の意味として、「国論を二分する政治課題で一方の政治的見解を取り上げず、殊更に他の見解のみを取り上げてそれを支持する内容を相当の時間にわたり繰り返す番組を放送した場合」などと列挙した。

この発言は見過ごせない。

高市氏は放送内容の「政治的公平」を判断するのは「政府」だと言う。政治的公平なんて非常に曖昧なもので、立場によって解釈も変わる。それを判断するのが常に大臣であり政権であるなら、時の権力者に都合のいい恣意的な運営が可能となる。政権に批判的な番組を放送すれば、放送局は政権サイドに「停波」をチラつかされ、「偏向報道だ」と睨まれてしまう。高市氏の発言は政権による言論統制の容認であり、放送局に対する威嚇・恫喝以外の何ものでもない。

さらに驚いたのは、野党議員がこの高市氏の発言を批判した際の安倍首相の対応だった。安倍首相は2日後の衆院予算委員会で、「何か政府や我が党が、高圧的に言論を弾圧しようとしているイメージを印象づけようとしているが、まったくの間違いだ」と反論し、こう居直ってみせたのだ。

「安倍政権こそ、与党こそ言論の自由を大切にしている」

この時はさすがに、放送業界の当事者からも非難の声が上がった。テレビのニュース番組や報道番組などでキャスターやコメンテーターを務めるジャーナリストが記者会見を開いた。田原総一朗氏、鳥越俊太郎氏、岸井成格氏、大谷昭宏氏、金平茂紀氏、青木理氏らが「私たちは怒っています！」という声明を発表した。「放送局の電波は、国民のものであって、所管する省庁のものではない」と批判し、大臣による判断で電波停止ができるというのは、放送による表現の自由や健全な民主主義の発達を謳った放送法の精神に著しく反するものだと抗議した。

残念なのは、こうしたジャーナリスト個人の呼びかけはあったものの、「停波」になれば最も被害を受けるはずの放送局自体が抗議することはなく、この記者会見を受けても沈黙していたことだ。

ここで、あらためて確認しておきたいが、放送法4条の「政治的公平」は放送事業者の「倫理規範」に過ぎないことは、学界の定説だ。

なぜなら、放送法の目的が書かれた1条の2項には、〈放送の不偏不党、真実及び自律を保障することによつて、放送による表現の自由を確保すること〉とある。放送法は「表現の自由」を確保するためのものなのだ。

放送局が自らを律することで、権力の介入を防ぐ仕組みであり、これは戦時中に政府の宣伝にメディアが加担した反省から、「権力からの独立」「権力の介入を排除」するために作られた。

だから、政府が「政治的公平」を判断し、放送の内容に介入するなんておかしなことが通用するわけがないのだ。

ゲンダイのコラム（2015年12月1日発行）で、BPO（放送倫理・番組向上機構）の委員を務めていたジャーナリストの斎藤貴男氏が断言していた。

〈こんな論法がまかり通れば、放送には独自の主張が許されないことになる。権力も権威も、主な情報を発信する政財官界の側にある以上、常に両論併記か、足して2で割る情報伝達だけでは、報道の最大の役割である「権力のチェック機能」を果たせるはずもない。ジャーナリズムにおける「不偏不党」とは、当然、そのような隷従とは対極の概念だ。どんな相手でも問題があれば追及・批判して構わない。放送法の第1条第2項で「放送の不偏不党、真実及び自律を保障することによって、放送による表現の自由を確保すること」と義務づけられた主体は、公権力の側なのである〉

第2次安倍政権発足からここまでの3年余りは、政治が執拗な圧力をかけてメディアを支配下に置いた歴史であると同時に、メディアが時の権力に屈服し、自滅していった歴史でもあると言える。

安倍政権によるメディア制圧は、7年8カ月のうちの前半でほぼ完成した。

「ゲンダイでも読んでみて」

本書の「まえがき」で紹介した安倍首相の「日刊ゲンダイでも読んでみてくださいよ」という発言は、ちょうどこの頃に飛び出した。

2016年2月4日の衆議院の予算委員会。民主党の階猛《しなたけし》衆院議員が、自民党の憲法改正草案では憲法21条の「表現の自由」について「制限」を加えているとして、安倍首相の見解を質すと、安倍氏は「表現の自由を尊重することに現行憲法と変わりはない」と否定した。

そこで、階氏がさらに踏み込んで問い質した時だ。次のようなやりとりになった。少し長いが、安倍氏の発言のニュアンスを正確に表すために、国会の議事録をそのまま記す。

階議員

「実際、（改憲案に）こういうことが盛り込まれると世の中にどういう動きがあるかということにも思いをいたしていただきたいんですね。

国民、ひいては言論機関が萎縮して、権力者の意向をそんたくし、権力者への批判を控えるようになるのではないか。現に、今も安倍政権に批判的なテレビキャスターやコメンテーターが次々と番組を降板するということが決まっています。こういったことは民主主義の健全な発展にもマイナスだと考えます。今までどおり尊重するといっても、文言が入れられることによってさまざまな萎縮効果が発生する、こういったことをおもんぱかって、言論機関の皆さんが自由に発言できる、そういうことを担保する、これは絶対に必要なことだと思います。

表現の自由を守り、権力者への批判の自由を確保する、そのお考えは総理にありますか」

安倍首相
「言論の自由、表現の自由は、まさに民主主義を担保するものであります。当然、尊重されなければならないわけであります。

同時に、現在、まるで言論機関が萎縮しているかのごときの表現がございました。これは全くしていないと思いますよ。

では、例えば、きょう夕方、帰りに日刊ゲンダイでも読んでみてくださいよ。これが萎縮している姿ですか。萎縮はしないんですよ、毎晩の報道を見ていただければわかるように。それはむしろ言論機関に対して、私は失礼ではないのかなと思いますよ。むしろそれは言論機関に対して失礼であって、萎縮している機関があるのであれば具体的に言っていただかないとわからないんですが、まさにそれは、私は大変失礼な話ではないのかなと思います。

そういうことを申し上げれば、むしろ、安倍政権を弁護する立場の言論の方は、なかなか貫き通しにくい雰囲気すらあると言う人もいるわけでございます。

ですから、全くその批判は当たらない。むしろ、そのことをはっきり言っておかないと外国から誤解されるおそれがあるんですよ、まるでそんな国だと思われるのでありますから。そんなことはないということをはっきりとテレビを通じて申し上げておきたいと思います」


安倍首相は「表現の自由を制限し、言論機関を萎縮させる」との指摘に対し、こう反論したのだった。

国権の最高機関でゲンダイを宣伝してくれてありがとうございます、というところだが、よくもまあ、「言論機関に失礼」などというセリフが出てくるものだ。またしても安倍首相の「厚顔」が表れた場面だった。

この国会質疑の直後、産経新聞からゲンダイに取材があり、当時の編集局長が次のように回答したと、産経新聞が報じている（2016年2月4日の電子版）。

〈4日の衆院予算委員会で、自民党憲法改正草案を受けて言論機関が萎縮するという野党の指摘に対し安倍晋三首相が「萎縮していない」報道機関として例示した日刊ゲンダイ編集部は4日、産経新聞の取材に「権力にこびることなく、自由に報道している自負がある」とするコメントを寄せた。

同紙は突出した自民党・公明党政権への批判で知られるが、編集部は「夕刊紙が時の政権を過激な表現を使いながら批判するのは当たり前で、健全な民主主義にとって必要不可欠だ」とした。

一方で、「日刊ゲンダイが自由に報道していることで、報道の自由全体が確保されているとの主張はあまりにもご都合主義ではないか」と安倍首相への批判も忘れなかった〉

ゲンダイ自身も翌5日発行の1面で、安倍首相答弁を大きく取り上げた。

〈「日刊ゲンダイを読め」とは恐れ入る
詐欺師も逃げ出す居直り詭弁 すり替え答弁の数々〉

「帰りに日刊ゲンダイでも読んでみてくださいよ。これが萎縮している姿ですか」

これは、きのう(4日)の衆院予算委での安倍首相の発言だ。民主党議員が「表現の自由を制限し、言論機関を萎縮させる」と、自民党の憲法改正草案の問題点を指摘。今も安倍政権に批判的なキャスターが次々とテレビから消えている事実を踏まえ、「権力者への批判の自由を担保する考えはあるか」と質問したことに対する答弁である。

国会の場で安倍サマのお墨付きを得てしまった以上、今後も必死で報道の自由を行使しなければならないが、そんなに愛読しているのなら、ぜひ記事の内容もきちんと理解してもらいたいものだ。本紙が批判記事を書くからといって、それで報道の自由全体が確保されているとの主張は、あまりにご都合主義というものである。

「なぜそこで、ふだん一緒にメシを食っている読売や産経など、お仲間メディアの名前が出てこないのか。大メディアが政権に配慮した記事しか書かないことを知っているからでしょう。日刊ゲンダイの名前しか挙がらない時点で、言論機関の萎縮を認めたも同然で、他のメディアはすべて制圧したと思い上がっているのです。ここまで挑発されて黙っているようでは、メディアの側も情けない。今の日本では、政権の圧力によって報道の自由が失われている。それは国民の知る権利が奪われているということです」(元ＮＨＫ政治記者で評論家の川崎泰資氏)

この国会質疑からしばらくして、安倍首相を常に支えてきた官邸の最側近が官邸スタッフに次のような言葉を漏らしたと私の取材源が耳打ちしてくれた。

「新聞、テレビは制圧した。あとは週刊誌とゲンダイ」

安倍政権に厳しい論調を貫いていたゲンダイは、安倍首相にとって目障りな小バエのような存在だったのかとも思うが、この最側近の発言で重要なのは、「新聞、テレビは制圧した」と断言していること。安倍氏が国会の場で、野党議員を挑発するように「ゲンダイでも読んで」と答弁したのは、裏を返せば、大手メディアは手中に収めたと勝利宣言したようなものだ。

16年4月以降は、表面的には安倍政権のメディア圧力は強まってはいない。「制圧」したので、何もしなくてもメディア側が勝手に自粛、自制していったからだろう。

新聞の意見広告で個人攻撃をされたキャスターの岸井成格氏は、ゲンダイのインタビュー（2016年7月7日発行）で危機感を示していた。

「特定秘密保護法に始まり、安保法制の強行、高市総務相の電波停止発言、それに自民党の改憲草案。中でもいざという時には国民の権利を制限できる緊急事態条項の創設ですね。これらを一連の流れで見ていくと、国家統制、監視社会の強化の方向に向かっているのは間違いないと思います。そういう時にメディア側が萎縮していていいのか、権力側に忖度していていいのか。強い危機感を覚えます」

「去年（2015年）よりひどくなっています。『息苦しい』を通り越して、このままだとメディアは窒息するんじゃないか」

岸井氏はその2年後の18年5月15日に逝去した。享年73。このインタビューの後、大手メディアは窒息したのだろうか――。少なくとも岸井氏が危惧した通りの方向に向かっているのは確かだろう。

自主規制、忖度が当たり前に

安倍政権が3年余りかけてメディアに圧力をかけた効果は絶大だった。「制圧した」とうそぶかれるのも、仕方がないような状況になってしまった。

2014年衆院選で安倍首相が「街頭インタビュー」にイチャモンをつけ、自民党が「公平中立」の〝基準〟を「萩生田圧力文書」で示した後、テレビ報道から有権者に政治的な賛否を問うような街頭インタビューが激減してしまった。

「国論を二分するようなテーマについて聞く場合、反対が5人なら賛成も5人取ってバランスを取らなければならない。『面倒だから、もうやめちゃおう』というのが大方の番組の判断です。ワイドショーなどの情報番組はその傾向がより強くなった。2016年の参院選では、安倍政権が目指す憲法改正に向けて、参議院で改憲勢力が3分の2になるのかどうかが注目されたはずだったが、それを争点化した報道は少なかったし、特に公示後は、テレビは選挙についてあまり報じなくなりました」

在京テレビ局のOBがテレビ現場の変化についてそんな分析をしていた。

街頭インタビューだけじゃない。いわゆる「政治ネタ」の扱い方も変わった。とにかく面倒を避ける。報道記者もテレビマンも会社員だ。社内で問題児にはなりたくない。

元経産官僚の古賀茂明氏が、メディアが「権力の監視」という本来の機能を失っていく過程を「ホップ」「ステップ」「ジャンプ」の三段跳びの論法で説明している。それがとてもわかりやすい。

第1段階の「ホップ」は、「政府の側が」メディアに対して弾圧したり、あるいは懐柔して、政府に都合のいいことを書かせたり、都合の悪いことを書かせないようにする段階だ。

「萩生田圧力文書」のように放送法4条の「政治的公平」の原則をテコにした言いがかりの一方で、通常は各局横並びの首相のインタビューやテレビ出演を特別に1社に単独でセットするなどの懐柔策も繰り出し、政府はアメとムチを使い分ける。

安倍政権下でメディアなどに支払われる政府広報予算は2倍以上に膨張した。広告収入減に喘《あえ》ぐ中、従順なメディアにアメがたっぷり用意された。

第2段階の「ステップ」は、政府の介入に慣らされた「メディア自らが」政府の批判を自粛し、面倒なことは避けるという段階だ。これが進むと正しい情報が国民に伝わらず、国民は適切な判断ができなくなってしまう。

第3段階の「ジャンプ」は、洗脳された国民をマスコミが煽り、選挙による一党独裁体制が実現する段階だという。

こうして翼賛体制が完成する、というのだ。選挙による一党独裁はまだ実現していないが、野党の立憲民主党や共産党が弱体化し、「ゆ党」の日本維新の会が伸長している2023年夏の現状を考えると、いつ「ジャンプ」に到達してもおかしくないように思える。

メディアについて言えば、「ステップ」以降、面倒なことを避け、「自主規制」や「忖度」を続けているうちに、いつのまにかそれが「当たり前」の日常になってしまった。今やメディアの現場は、自分たちが「自主規制」していることにも気がつかなくなってしまった状態にあるのではないか。もちろん、そんな中で、もがいて頑張っている記者もいる。しかし全体としては、「忖度」という意識すらない状態で、「権力の監視」という機能がすっかり〝麻痺〟してしまったように見える。

なぜメディアは抵抗しなかった

何度も繰り返すが、分水嶺は2014年11月だった。

自民党の萩生田光一筆頭副幹事長らから「選挙期間における放送の公平中立」を求める文書を渡された在京テレビキー局は、すぐさまこれを表沙汰にして自社のニュースで報じ、「憲法で保障された表現の自由への政治介入であり、放送法違反だ」と抗議すべきだったのだ。簡単に受け取らないで、蹴とばすなり、突き返せばよかったのだ。

民間放送の労働者で組織する民放労連は「政権政党による報道介入に強く抗議する」との談話を発表している。「政権政党が、報道番組の具体的な表現手法にまで立ち入って事細かに要請することは前代未聞であり、許しがたい蛮行」「露骨な報道への介入」だと厳しく批判したうえで、各放送局に対して「不当な干渉は毅然としてはねのけ、権力監視という社会的使命に基づいた公正な報道を貫く」よう求めた。

ところが、各放送局はゲンダイなどが報じた後も、何事もなかったかのように静観し、だったら、文書など無視して毅然とした報道を続ければいいものを、文書を真に受けて、萎縮し、圧倒されていってしまった。

1社で抗議するのが難しければ、放送局で作る日本民間放送連盟（民放連）で抗議文をまとめるなりして、民放連として自民党に抗議するという方法もあったろう。

だが、某キー局の元報道幹部はこう言った。

「そんなのとても無理です。その時点までにテレビキー局は、フジテレビや日本テレビのように比較的、親安倍政権のスタンスを取る局と、ＴＢＳやテレビ朝日のように時々、政権批判をする局に二分化されてしまっていた。民放連として抗議文をまとめるなんてできるわけがありません。それに、なんと言ってもテレビは許認可事業です。政権与党を敵にするわけにはいかない」

しかし、何事も最初が肝心だ。この「萩生田圧力文書」に対して抵抗しなかったことは、安倍官邸と自民党を増長させた。

言い方は悪いが、カネの無心やヤクザの脅しなどと同じだ。最初にキッパリ断らないと、相手はつけ上がり、2度、3度と繰り返され、絡め取られていく。

クロスオーナーシップ制度で放送局と系列関係や協力関係にある大手新聞社はどうなのか。放送局も加盟している日本新聞協会が、民放連に代わって自民党に抗議する手もあったのではないかと思うが、この頃、新聞社も政権与党に大きな〝弱み〟を握られていた。

「軽減税率」という人質だ。

軽減税率は、消費税率が8％から10％に引き上がる際に導入され、生活必需品などの適用品目は8％のまま据え置かれた。２０１２年に消費税の引き上げ方針が決まった時点から、新聞が軽減税率の対象になるかどうかは、インターネットの普及で部数減に苦しむ新聞社にとって最大の関心事だった。

対象になるかどうか――。どうしても新聞社は政権与党に遠慮する。さらに、10％への引き上げが2度延期されたことで、その期間はズルズルと延長された。そんな新聞社が放送局の代わりに自民党に文句を言うなんて、あり得ないだろう。

19年10月に消費税率が10％になった際、新聞は軽減税率で8％に据え置かれた。「活字文化の維持、普及に不可欠」というのが新聞に軽減税率が適用された理由だが、実態は今、述べた通りだろう。

ちなみに、「新聞」と言っても、軽減税率の対象は「週2回以上発行され、定期購読契約に基づくもの（つまり宅配）」でなければならず、ゲンダイのような駅売店やコンビニでの即売が主体の夕刊紙に、軽減税率の恩恵はない。

「報道の自由度ランキング」が注目されるようになったのは、この頃からだ。国際ＮＧＯ「国境なき記者団」（本部・パリ）が毎年発表しているもので、民主党政権時の２０１０年は「記者クラブ自由化」などが評価され、11位までランクを上げた。ところが、12年の第2次安倍政権以降は低下の一途となり、17年の72位をワーストに60〜70位台で推移。もちろんＧ７で最低だ。最新の23年は68位だった。

来日した「表現の自由」国連特別報告者のデビッド・ケイ氏が16年4月の記者会見で指摘していたのは次の通りだ。

「報道の自由ですが、その独立性について今週、ジャーナリストから話を聞いて、様々な企業、放送局、新聞社、出版社の方にもお会いしました。会った方からは『独立性を保って報道することが難しい。特に政府に対するデリケートな問題について』と聞きました。この懸念については、まず多くのジャーナリストが匿名を要求しました。ジャーナリストの皆さんの立場は確保されているのに『匿名で』と求められるのは異例のことです」
「経営者が非常に曖昧な意思表示をする、つまり『デリケートな記事はそもそも書かないようにしよう』、あるいは『少なくとも政府を厳しい立場に追いやることはやめよう』ということがあったと話す人がいました。民主主義でメディアへの攻撃が起きるのは普通のこと。そこに緊張感があるのは正常であり、むしろ健全なことです。メディアの皆さんはそもそもそういった状況の中で、独立してオペレーションを行うということが求められているのだと思います」

権力がメディアに圧力をかけるのは珍しくなく、権力とメディアが緊張関係にあるのは普通のことだが、メディア側が忖度や自粛をして独立したオペレーションができていないとしたら、不正常であり、健全ではない、ということだ。

元NHK政治記者で評論家の川崎泰資氏は当時、こう話している(2016年2月12日発行)。

「数々の政治介入に対して、当事者であるメディア側が正当な反論・批判を行っていれば、安倍政権サイドもここまで図に乗ることはなかった。ところが、どの新聞社もテレビ局も、幹部連中は時の政権と適切な距離を取ろうともせず、安倍首相と食事を楽しんでいる。中にはフジテレビの日枝久会長のように、安倍首相とのゴルフコンペが恒例となり、ロコツにスリ寄る経営者までいる。これじゃあ、メディアが自ら進んで政権に籠絡されているようなものです。政権側ももはや、『俺たちの言いなりになる』と完全にナメきっていますよ」

短命に終わった第1次政権のリベンジで、安倍政権がメディアコントロールを徹底したことでメディアが萎縮したのは間違いないが、同時にメディア側も電波の許認可権や経営に直結する軽減税率の適用などにより、守りの姿勢に入るだけでなく、自ら政権に忖度し、批判を控え、政権にすり寄っていったように見える。

メディア弱体化は、安倍政権とメディア自身の共犯関係にある。

現場の自粛の深刻な闇

「政権幹部だけでなく与野党問わず、政治家から文句を言われるなんて、昔から日常茶飯事。権力がメディアに圧力をかけるのは安倍政権以前からあったことです。抗議を受け、こちらの報道が間違っていたら粛々と訂正すればいいし、そうでなければ『はい。はい』

と聞き置く。そういう対応を現場はずっとしてきた。しかし、経営幹部は政治家からの抗議に慣れていないから、そういう当たり前の対応ができず、過剰反応してしまう」

安倍政権時にメディアが弱体化したことについて、民放の報道番組の元プロデューサーは自らの体験を踏まえ、そんな話をしてくれた。

メディアへの政治介入は昔からある。ただ、安倍政権が他と違ったのは、抗議をする相手だったと、元プロデューサーがこう続ける。

「安倍政権は抗議を現場の当事者ではなく、菅官房長官や今井秘書官などが経営幹部に直接、伝えてくるのです。安倍官邸が行った官僚支配と同じで、権力者と人事権を使って抑えつけてくる。社内の権力者である会長や社長、政治部長などに対して抗議すれば、政治との距離感がわかっていない政治部長は大慌てでし、大騒ぎになる。火消しをするどころか、自ら火をつけているようなものなのですが、上から言われれば現場は萎縮します」

確かに、安倍政権のやり方は巧妙だった。

メディアの幹部と頻繁に会食し、それも様々な階層別に定期的に行われた。会長や社長クラス、論説委員や編集委員クラス、官邸キャップクラスなど。中でも経営トップとの会食が首相動静に堂々と載るのは、安倍政権以前はあまり見られなかった。

さらに安倍氏はメディア幹部の虚栄心も利用した。

「安倍さんから電話がかかってきた」

「また官邸から電話が来ちゃったよ」

複数の放送局トップが、現役首相からの電話を携帯で着信し、周囲に聞こえるように嬉しそうに話していたのを目撃されている。


こうした大手メディア上層部の堕落——。

ゲンダイでは幾度となく批判してきた。その一例として、2015年6月30日発行の記事を抜粋する。


〈チンピラ政治家に舐められている大マスコミ政権政党の言論封じなんて当たり前だ。それを許すどころか自分から媚びへつらい接近する大新聞社のお偉方の浅ましさ〉

安倍とメディアの癒着関係は、毎日の首相動静をみればよ〜く分かる。安倍は読売の渡辺恒雄会長やテレ朝の早河洋会長ら経営トップをはじめ、大マスコミ幹部としょっちゅうメシを食っている。

この2年半、安倍とメディア幹部の「夜の会食」は60回近く。月2回はどこかの社の幹部が必ず会食しているペースは、3年3カ月続いた民主党政権の首相3人の総計の4倍強に達する。店も常に1人の予算1万円を超える〝豪華メシ〟だ。

先週水曜も東京・銀座の高級割烹店で、朝日、毎日、読売、日経、NHK、日テレ、時事と並み居るメディアの幹部7人が安倍を囲み、名物の「鯛茶漬け」に舌つづみを打った。先の勉強会で安倍応援団から言論潰し発言が飛び出したのは、その翌日である。著書「安倍政権のメディア支配」を上梓したばかりのジャーナリスト・鈴木哲夫氏はこう言った。

「昔から常に政権政党は報道に圧力を加えてきました。ただし、かつてなら政権側が知り合いの記者などを通じてこっそりやったものですが、今は首相自身が堂々と経営トップを抑え込みにかかる。編集幹部には会食だけでなく、盛んに政権運営の相談電話をかけ、自尊心をくすぐる。自社のトップが首相とメシを食ったと知れば現場の記者もいろいろと斟酌します。メディアの記者もあくまで会社員。報道内容がきっかけで経営幹部と首相の仲が険悪にならないかという逡巡も生じるでしょう。この忖度が自主規制になり、結果的に権力監視の厳しさに欠ける報道につながっているように思えます」

欧米先進国ではメディア幹部と政権トップとの会食は権力との癒着の象徴であり、言語道断だ。お台場カジノに意欲を燃やすフジテレビの日枝久会長が安倍とゴルフに興じる姿を見たら、海外のジャーナリストは軽蔑するだろう。安倍の在任中にその親族と側近の子息が揃ってフジに入社したと知ったら、卒倒するんじゃないか。

さて、安倍と会食を重ねるメディアのお偉方は経営上のいかなる便宜も求めていないのか。安倍に接近する大マスコミ幹部には卑しさと浅ましさ、醜悪さがムンムン漂ってくる。

ところで、「ゲンダイには安倍官邸からの圧力はないのか」と、政治とメディアの関係を専門にしている学者から質問されたことがあった。

私が「ありませんよ。あったら、すぐそのまま書きますから」と答えると、「一部の週刊誌には来ているから」と、質問したワケを話していた。

もちろん、政治記事に対する抗議は時々ある。しかし、それらは事実関係や表現についてのもので、通常の記事への抗議や苦情に対するものと同様に真摯に対応するだけだ。圧力とは受け止めないし、だから萎縮することもない。

歴代のゲンダイ編集幹部にも確認したが、これまでに政権からいわゆる圧力だと感じられるような抗議や申し入れは受けたことはない。

これでいいのか、大マスコミ

放送法と権力をめぐる動きは、どうなっただろうか。

2023年3月に国会を騒がせた放送法の「政治的公平」の解釈をめぐる問題は、総務省の内部告発文書を入手して表に出した立憲民主党の小西洋之参院議員が「サル発言」(衆議院の憲法審査会が毎週開かれていることを「サルがやることだ」と発言した)で批判されたことで、そのまま雲散霧消となってしまった。

放送法4条は、放送局側の倫理規範だというのが学説だが、かつての高市早苗総務相の発言のように罰則規定であり、罰則権限が政府にあるという認識を今の総務大臣も持っているのかどうか。もしそうなら、憲法21条の「表現の自由」を制限することになりかねず、放送法4条は撤廃した方がいいのかもしれない――など、放送局と政治との距離について、本質的な議論をするいい機会だったのに、問題は残されたままである。

もっとも、放送局側がこの件を積極的に報じることがなかった事実からすれば、当事者は静かに現状維持を望んでいるようだから、議論は進まない。

ゲンダイのコラム（2023年4月12日発行）で、ジャーナリストの高野孟氏が、〈仮に政府に番組審査権があったとしても、1つの番組の中で政治的公平を維持することなどできるわけがなくて、米欧ではそれを、その番組では言われっぱなしだった相手が次回に登場して同じだけの時間を使って主張できる「反論権」を保証するという形で解決してきている。そんな国際常識も理解していない日本の放送法解釈論議が不安である〉と書いていた。

これでは、放送法や電波停止を盾にした政権によるメディア揺さぶりが、再び起きる恐れが残る。

ただ今回、総務省は高市氏の「1つの番組」「停波」発言は撤回せずに、「解釈は変更していない」と曖昧にして逃げた。

今になって思えば、安倍官邸や自民党は、放送法の解釈変更を本気で求めていたというより、「やるぞ」と脅すだけでよかったのではないか。脅せば、勝手にメディアが萎縮する。実際に、その通りになった。

放送は国の許認可事業だ。それだから放送局は国の顔色をうかがう。しかし、先進国の中で電波の許認可を政府が握っているのは日本ぐらいだ。

例えば米国では、許認可は政府とは独立したＦＣＣ（連邦通信委員会）という機関が行う。メンバーは大統領が任命した専門家などで、多少は政府の意図が反映される面もあるものの独立性は高く、「通信の適切な競争の枠組みを確保する」ことが厳しく求められているという。

日本でも、放送局が政治と適切な緊張感を持ち、権力の監視という報道の使命を徹底するのなら、国による許認可制度を撤廃するなど包括的な議論が必要な時期を迎えている。

さて、安倍政権から続く政治との共犯関係によって、大手メディアは権力を監視する機能がすっかり衰えてしまった。

忖度や自粛が日常となると、現場もだんだんそれを意識しなくなる。自民党内が右向け右の一色になってしまったように、大新聞やテレビまで同じ方向を向き、このまま同調主義にどっぷり染まっていくのか。そうなれば、「官報」になってしまった戦時中と同じとは言わないまでも、政権にとって都合の悪いことは覆い隠され、本当に大事なことは世の中に伝わらない。

ゲンダイはいつもそこに一石を投じ続けたいと思う。大勢が右に流れていく時は左に、左に流れていく時は右に。安倍政権だろうが、岸田政権だろうが、たとえ野党が政権を取ったとしても、おかしいことはおかしいと言い続けて、読者に新聞やテレビとは異なる視点からの判断材料を提供していきたい。

あとがき

「安倍さんはひどかったが、岸田さんはもっとひどい」

取材をすると幾人もの識者からこんな言葉が出てくる。その感覚に半分納得する一方で違和感も覚えた。ならば安倍氏はマシだったのか。選挙演説中の銃撃という非業の死を遂げたこともあり、安倍氏の行ってきた政治に対しての評価がオブラートに包まれてしまいそうな気がした。

例えば、大平正芳や宮沢喜一らの時代を知る年配の人になればなるほど、岸田氏がハト派の宏池会であることにかすかな希望を見ていた。安倍氏の強権路線を「軽武装　経済重視」のソフト路線に転換してくれるのではないかと期待していた。だが、財源も中身も不透明なまま、米国に促されるように防衛費倍増を決めるなどの裏切りに、「岸田さんはもっとひどい」に変わったという。

確かに岸田氏は、総理大臣として何をやりたいのか、2年経過してもよくわからない。かつて、「総理になったら最もやりたいこと」を問われ「人事」と答えた。総理になってからも、「どうして総理になろうと思ったのか」と尋ねた子どもに、「日本の社会の中で一番権限が大きい人なので目指した」と答えている。「国家観がない」「総理大臣がゴール」と言われる所以だ。岸田氏本人は「俺は安倍さんもやれなかったことをやったんだ」と自負していると報じられた。安倍氏の元側近は「岸田さんは安倍さんの〝やり残し〟を自分の手柄にしている」とこぼす。

本書で書いてきたように、日本の政治も経済も社会もダメにした元凶はやはり安倍氏だ。岸田氏はその延長線上にいるに過ぎない。しかし岸田氏は、安倍路線を確固たる信念を持って踏襲しているわけではないから、何事にも躊躇がない。逡巡《しゅんじゅん》がない。目の前の課題を淡々とこなす優等生の姿にも見える。だから怖い。

やっていることは「ミニ安倍政治」。現実に起きていることは「安倍政治の巨大化」。路線を敷いた安倍氏とそれを形にする岸田氏と、どちらがひどいのだろうか——。

安倍氏が亡くなって1年余。本人は不在なのに、もの言えば唇寒しの風潮や社会の分断は続き、「新しい戦前」への準備が進む。今も安倍政権時代が続いているかのようだ。

ゲンダイの記事（2023年7月4日発行）で元経産官僚の古賀茂明氏がこう話していた。

「安倍氏はもういない。安倍派にも実力のある議員がいるわけでもない。それなのに、得体の知れない『安倍的なもの』が、ウイルスのように人々に伝染し続けている。安倍氏亡き後、このウイルスも勢いを失うかと思ったが、実際には安倍派的な政治家ではないと思われていた岸田首相が安倍氏以上に安倍的な政治を行っている。一部の右翼だけでなく、世論も、例えば岸田政権が原発活用に転じたことについて『電気が足りないから仕方ない』、防衛費を増やすことも『安全保障環境を考えたら仕方ない』という空気になってきた。安倍氏が死去して1年。ウイルスの増殖は気づかぬうちにむしろ勢いを増し強くなっている」

安倍的なものが日本の政治や永田町にしっかり根を張り、朝令暮改で自分のない岸田氏によって、新型コロナウイルスのように自由自在に変異しながら増殖しているのが現状だ。知らず知らずのうちに罹患してしまわぬよう、ウイルスに抗《あらが》い、世間にも大声でしつこく呼びかけていく。そんな地道な仕事を変わらず続けていきたい。

小さな光は地方議会で女性議員が増えたことだ。静かに地殻変動が起きている。これが国会へと広がっていくには、まだ時間がかかるかもしれないが、その時は間違いなく政治の景色が変わる。安倍的なウイルスを死滅させる原動力にもなっていくのではないか。
最後に、ゲンダイの取材に丁寧に対応いただき、示唆に富んだコメントを引用させていただいた識者の方々に、心から感謝申し上げる。そして、弊社ニュース編集部の同僚たちの協力があってこそ本書を形にできたと申し添えるとともに、本書の執筆で安倍政治をじっくり検証する機会を作ってくれた朝日新聞出版の福場昭弘氏にも、この場を借りて御礼申し上げたい。

小塚かおる

2023年9月

小塚かおる　こづか・かおる
日刊現代第一編集局長。1968年、名古屋市生まれ。東京外国語大学スペイン語学科卒業。関西テレビ放送、東京MXテレビを経て2002年、「日刊ゲンダイ」記者に。19年から現職。激動政局に肉薄する取材力や冷静な分析力に定評があり、「安倍一強政治」の弊害を追及してきた。著書に『小沢一郎の権力論』（朝日新書）などがある。

朝日新書
928

安倍晋三《あべしんぞう》vs.日刊《にっかん》ゲンダイ
「強権政治」との10年戦争

2023年10月30日第1刷発行

著者　小塚かおる

発行者　宇都宮健太朗
カバーデザイン　アンスガー・フォルマー　田嶋佳子
印刷所　TOPPAN株式会社
発行所　朝日新聞出版
〒104-8011　東京都中央区築地5-3-2
電話　03-5541-8832（編集）
03-5540-7793（販売）

Published in Japan by Asahi Shimbun Publications Inc.
ISBN 978-4-02-295231-8
定価はカバーに表示してあります。

落丁・乱丁の場合は弊社業務部(電話03-5540-7800)へご連絡ください。
送料弊社負担にてお取り替えいたします。

高校野球　名将の流儀
世界一の日本野球はこうして作られた

朝日新聞スポーツ部

WBC優勝で世界一を証明した日本野球。その「心・技・体」の基礎を築いた高校野球の名監督たちの哲学に迫る。村上宗隆、山田哲人など、WBC優勝メンバーへの教えも紹介。松井秀喜や投手時代のイチローなど、球界のレジェンドたちの貴重な高校時代も。

「深みのある人」がやっていること

齋藤　孝

老境に差し掛かるころには、人の「深み」の差は歴然と表れる。そして深みのある人は周囲から尊敬を集める。だが、そもそも深みとは何なのか。「あの人は深い」と言われる人が持つ考え方や習慣とは。深みの本質と出し方を、人気教授が解説。

天下人の攻城戦
15の城攻めに見る信長・秀吉・家康の智略

渡邊大門／編著

信長の本願寺攻め、秀吉の備中高松城水攻め、真田丸の攻防をはじめ、戦国期を代表する15の攻城戦を徹底解剖！「城攻め」から見えてくる3人の天下人の戦術・戦略とは？　最新の知見をもとに、第一線の研究者たちが合戦へと至る背景、戦後処理などを詳説する。

新しい戦前
この国の〝いま〟を読み解く

内田　樹
白井　聡

「新しい戦前」ともいわれる時代を〝知の巨人〟と〝気鋭の政治学者〟は、どのように捉えているのか。日本政治と暴力・テロ、防衛政策転換の落とし穴、米中対立やウクライナ戦争をめぐる日本社会の反応など、歴史の転換期とされるこの国の〝いま〟を考える。

朝日新書

動乱の日本戦国史
桶狭間の戦いから関ヶ原の戦いまで

呉座勇一

教科書や小説に描かれる戦国時代の合戦は疑ってかかるべし。信長の鉄砲三段撃ち（長篠の戦い）、家康の問鉄砲（関ヶ原の戦い）などは後世の捏造だ！　戦国時代を象徴する六つの戦いについて、最新の研究結果を紹介し、その実態に迫る！

プア・ジャパン
気がつけば「貧困大国」

野口悠紀雄

かつて「ジャパン・アズ・ナンバーワン」とまで称されたわが国は大きく凋落し、購買力は1960年代のレベルまで下落した。経済大国から貧困大国に変貌しつつある日本経済の現状と復活策を、60年間世界をみつめた経済学の泰斗が明らかにする。

鵺《ぬえ》の政権
ドキュメント岸田官邸620日

朝日新聞政治部

朝日新聞大反響連載、待望の書籍化！　岸田政権の最大の危うさは「状況追従主義」にある。ビジョンと熟慮に欠け求心力がない。稚拙な政策のツケはやがて国民に及ぶ。つかみどころのない〝鵺〟のような虚像の正体に迫る渾身のルポ。

よもだ俳人子規の艶

夏井いつき
奥田瑛二

34年の短い生涯で約2万5千もの俳句を残した正岡子規。中には遊里や遊女を詠んだ句も意外に多く、ユーモアや反骨精神、ダンディズムなどが味わえる。そんな子規俳句を縦横無尽に読み込む、松山・東京・道後にわたる全三夜の子規トーク！

人類滅亡2つのシナリオ
AIと遺伝子操作が悪用された未来

小川和也

急速に進化する、AIとゲノム編集技術。画期的な技術ゆえ、制度設計の不備に〝悪意〟が付け込めば、人類の未来は大きく暗転する。「デザイナーベビーの量産」、「〝超知能〟による支配」……。想定しうる最悪な未来と回避策を示す。

訂正する力

東 浩紀

日本にいま必要なのは「訂正する力」です。保守とリベラルの対話にも、成熟した国のありかたや老いを肯定するためにも、さらにはビジネスにおける組織論、日本の思想や歴史理解にも役立つ、隠れた力を解き明かします。デビュー30周年の決定版。

日本三大幕府を解剖する
鎌倉・室町・江戸幕府の特色と内幕

河合 敦

三大武家政権の誕生から崩壊までを徹底解説！ 源頼朝・足利尊氏・徳川家康は、いかにして天皇権力と対峙し、幕府体制を確立させたのか？ 歴史時代小説読者&大河ドラマファン、必読！ 1冊で三大幕府がマスターできる、画期的な歴史新書!!

安倍晋三 vs. 日刊ゲンダイ
「強権政治」との10年戦争

小塚かおる

創刊以来「権力に媚びない」姿勢を貫いているというこの夕刊紙は、「安保法制」「モリ・カケ・桜」など第2次安倍政権の「大罪」に、どう立ち向かったか。同紙の第一編集局長が戦いの軌跡を公開し、徹底検証する。これが「歴史法廷」の最終報告書！

食料危機の未来年表
そして日本人が飢える日

高橋五郎

日本は食料自給率18%の「隠れ飢餓国」だった！ 有事における穀物支配国の動向やサプライチェーンの分断、先進国の食料争奪戦など、日本の食料安全保障は深刻な危機に直面している。世界182か国の食料自給率を同一基準で算出し世界初公開。

脳を活かすスマホ術
スタンフォード哲学博士が教える知的活用法

星 友啓

スマホをどのように使えば脳に良いのか。〈インプット〉〈エンゲージメント〉〈ウェルビーイング〉〈モチベーション〉というスマホの4大長所を、ポジティブに活用するメソッドを紹介。アメリカの最新研究に基づく「脳のゴールデンタイム」をつくるスマホ術！